わが愛する青年に贈る

池田大作

聖教新聞社

目次

装幀　松田和也
PLANK

一、本書は、「大白蓮華」に掲載された「世界を照らす太陽の仏法」（二〇一八年一月号〜五月号）を、著者の了解を得て『わが愛する青年に贈る』として収録した。

一、御書の御文は、『日蓮大聖人御書全集』（創価学会版）に基づき、ページ数は（全〇〇ページ）と示した。『日蓮大聖人御書全集　新版』（創価学会版）のページ数は（新〇〇ページ）と示した。

一、法華経の経文は、『妙法蓮華経並開結』（創価学会版、第二刷）に基づき、ページ数は（法華経〇〇ページ）と示した。

一、肩書、名称、時節等については、掲載時のままにした。

一、説明が必要と思われる語句には、（注〇）を付け、編末に［注解］を設けた。

——編集部

勇気《ゆうき》――「今《いま》」を勝《か》つ一念《いちねん》が一切《いっさい》を変《か》える

勇猛精進《ゆうみょうしょうじん》！

六十年前《ねんまえ》（一九五八年）の新年《しんねん》、恩師《おんし》・戸田城聖先生が、「大白蓮華」の巻頭《かんとう》言《げん》に掲《かか》げたテーマは、法華経にあるこの四文字《もじ》でした。

まさに、偉大《いだい》な師子王《ししおう》が大地《だいち》を走《はし》るが如《ごと》き先生の大闘争《だいとうそう》は、鮮烈《せんれつ》なる気概《きがい》を弟子《でし》一同《いちどう》に漲《みなぎ》らせせました。

実《じつ》は、先生は、会長就任《しゅうにん》の折《おり》に宣言《せんげん》された「七十五万世帯《せたい》」というご自身《じしん》の願業《がんぎょう》を、前年暮《ぜんねんく》れに達成《たっせい》されたばかりだったからです。

「獅子《しし》吼《く》して
　貧《まず》しき民《たみ》を
　　救《すく》いける
　七歳《ななとせ》の命《いのち》
　　晴《は》れがましくぞある」

この新年《しんねん》の歌《うた》にも詠《よ》まれた通《とお》り、不惜身命《ふしゃくしんみょう》で民衆《みんしゅう》の真《ま》っただ中《なか》に飛《と》び込《こ》み、「今年こそ今年こそ」と戦《たたか》い抜《ぬ》いて、広布険難《けんなん》の峰《みね》を勝《か》ち登《のぼ》られた七年でありました。

〝まだまだ戦《たたか》い続《つづ》けるのだ！〟

しかし、先生は、その感慨《かんがい》に浸《ひた》るどころか、いよいよ強《つよ》く、いよいよ激《はげ》しく「勇猛精進《ゆうみょうしょうじん》」を深《ふか》く決意《けつい》されていたのです。

「七十五万世帯達成《せたいたっせい》」が発表《はっぴょう》された師走《しわす》、先生は私に言われました。「大作、あと七年で、二百万世帯《せたい》まで戦《たたか》いたい」と。ところが、先生は、その二カ月後《ご》には、さらに目標《もくひょう》を高《たか》く上げ、「三百万世《せ》帯《たい》だ」と語《かた》られました。

大きな山を越《こ》えて、また戦《たたか》うのだ！ まだまだ戦い続《つづ》けるのだ！ 止《とど》まることを知《し》らぬ、わが師《し》の闘魂《とうこん》を仰《あお》ぐたび、共戦《きょうせん》の弟子《でし》もまた、自身《じしん》の境涯《きょうがい》が大きく広《ひろ》がり、勇気百倍《ゆうきひゃくばい》、断固《だんこ》、戦《たたか》うことができたのです。

「勇猛精進《ゆうみょうしょうじん》」の大師子吼《だいししく》を

巻頭言《かんとうげん》で先生は、大難《だいなん》が競《きそ》うことを予見《よけん》し、「いかに敵《てき》が強《つよ》くても、恐《おそ》れてはならない。従《したが》ってはならない」と、勇敢《ゆうかん》な信心に立つことを訴《うった》え、大切《たいせつ》な学会員が「広宣流布の大道《だいどう》を、勇猛精進《ゆうみょうしょうじん》せられんことを祈《いの》ってやまないものである」と綴《つづ》られました。

そして最後《さいご》に、烈々《れつれつ》と叫《さけ》ばれたのです。

「『一生空《いっしょうむな》しく過《す》ごして万歳悔《ばんさいく》ゆること勿《なか》れ』（全九七〇ジペー・新一三二四ジペー）のご聖《せい》訓《くん》を日夜誦《にちやじゅ》して、きょうよりも明日、今月よりも来月、ことしよりも来年と、いよいよ信心強盛《ごうじょう》に励《はげ》むことが、一年の計《けい》の基本《きほん》であり、一生の計の根本《こんぽん》となるのだ。まず、肚《はら》を決《き》めよ！ 決《き》まったら、勇《いさ》ましく進《すす》め！」

今再《いまふた》び、戸田先生の大師子吼《だいししく》に応《こた》え、「勇猛精進《ゆうみょうしょうじん》」の大生命力《だいせいめいりょく》を、赫々《かっかく》たる元朝《がんちょう》の太陽《たいよう》の如《ごと》く、燃《も》え昇《のぼ》らせようではありませんか！

世界広布《せかい》を担《にな》いゆく青年たちへ

私は、今、世界広宣流布《せかい》の一切《いっさい》を託《たく》すべき男女青年部に、御書に学ぶ〝人間王者《おうじゃ》のリーダー学《がく》〟〝青春凱歌《せいしゅんがいか》の人間学〟を語《かた》り伝《つた》えていきたい。

一番目《ばんめ》のテーマは「勇気《ゆうき》」です。この勇気の真髄《しんずい》こそ、仏法に説《と》かれる「勇《ゆう》猛精進《みょうしょうじん》」です。

最初《さいしょ》に、「御義口伝《おんぎくでん》」（注1）を拝《はい》します。

御義口伝《おんぎくでん》

御文

一念《いちねん》に億劫《おくごう》の辛労《しんろう》を尽《つく》せば本来無作《ほんらいむさ》の三身念念《さんじんねんねん》に起《おこ》るなり所謂《いわゆる》南無妙法蓮華経は精進行《しょうじんぎょう》なり

（全七九〇ページ・新一〇九九ページ）

現代語訳

億劫《おくごう》（きわめて長遠《ちょうおん》の間《あいだ》）にわたって尽《つ》くすべき辛労《しんろう》を、わが一念《いちねん》に尽《つ》くしていくなら、本来《ほんらい》わが身《み》に具《そな》わっている、無作三身《むささんじん》という仏《ほとけ》の生命《せいめい》が瞬間瞬間《しゅんかんしゅんかん》に現《あらわ》れてくる。

南無妙法蓮華経というのは精進行《しょうじんぎょう》である。

わが胸中《きょうちゅう》に自在《じざい》の仏《ほとけ》の生命《せいめい》が涌現《ゆげん》

法華経従地涌出品《じゅうじゆじゅっぽん》第十五に、「昼夜《ちゅうや》に常《つね》に精進《しょうじん》す　仏道《ぶつどう》を求《もと》めんが為《ため》の故《ゆえ》に」（法華経四六六ジペー）との偈文《げもん》があります。

「この地涌《じゆ》の菩薩《ぼさつ》（注2）たちは、昼夜《ちゅうや》分《わ》かたず、常《つね》に精進《しょうじん》している。ひたすら仏道《ぶつどう》（仏《ほとけ》の覚《さと》り）を求《もと》め抜《ぬ》くためのゆえである」と、大地《だいち》から躍《おど》り出《で》てきた無数《むすう》の菩薩たちの雄姿《ゆうし》を、師匠《ししょう》である釈尊《しゃくそん》が讃《たた》えた言葉《ことば》です。ここで拝《はい》する一節《いっせつ》は、この経文《きょうもん》を日蓮大聖人が釈《しゃく》された御義口伝《おんぎくでん》です。

いかなる苦難《くなん》の嵐《あらし》があろうが、妙法の信心に励《はげ》み抜《ぬ》くこと。

広宣流布の戦《たたか》いに徹《てっ》し抜《ぬ》くこと。

そして、最高《さいこう》に価値《かち》ある人生の真髄《しんずい》の道《みち》を歩《あゆ》み抜《ぬ》くこと。

そうすれば、わが胸中《きょうちゅう》に、必《かなら》ず偉大《いだい》にして自在《じざい》の仏《ほとけ》の生命《せいめい》が薫発《くんぱつ》されていくと約束《やくそく》されている御文《ごもん》です。

「創価の青年」が拝すべき御文《ごもん》

私がまだ入信まもない頃《ころ》、戸田先生から、「この御書だけは命《いのち》に刻《きざ》んでおきなさい。学会の闘士《とうし》になるためには、この御書は忘《わす》れてはならない」と、厳《げん》とした声《こえ》で教《おし》えていただいた御文《ごもん》でもあります。

難解《なんかい》な一節《いっせつ》です。しかし、師匠《ししょう》から「命《いのち》に刻《きざ》め」と教《おし》えられた御文《ごもん》である、何《なん》としても会得《えとく》したいと、私は深《ふか》く心《こころ》に期《き》しました。

戦後《せんご》の経済不況《けいざいふきょう》のため、事業《じぎょう》が破綻《はたん》して、最大《さいだい》の苦境《くきょう》にあった戸田先生を支《ささ》え抜《ぬ》いて戦《たたか》った厳冬《げんとう》の時代《じだい》も、あの不可能《ふかのう》を可能にした「大阪の戦い」の中でも、私はこの御文《ごもん》を命《いのち》から離《はな》さず真剣《しんけん》に拝《はい》し続《つづ》けました。

そして、「今《いま》この瞬間《しゅんかん》」を勝《か》ち切《き》るために祈《いの》り、「眼前《がんぜん》の壁《かべ》」を破《やぶ》るために走《はし》り抜《ぬ》きました。

その中で、滾々《こんこん》と「随縁真如《ずいえんしんにょ》の智《ち》」（注3）を湧《わ》き出《いだ》しながら、一切《いっさい》の暗雲《あんうん》を突《つ》き抜《ぬ》け、厳然《げんぜん》と創価の勝利《しょうり》の旗《はた》を掲《かか》げてきたのです。

今《いま》、わが愛《あい》する世界《せかい》の青年たちに、最初《さいしょ》に、この一節《いっせつ》を贈《おく》りたい。不二《ふに》の命《いのち》に刻《きざ》み、創価の闘士《とうし》の魂《たましい》を受《う》け継《つ》いでもらいたいからです。

「今《いま》この瞬間《しゅんかん》」が未来永遠《みらいえいえん》を決《けつ》する

「億劫《おくごう》の辛労《しんろう》」とは、〝長遠《ちょうおん》なる時間《じかん》にわたる辛《つら》く苦《くる》しい努力《どりょく》〟です。いつ終《お》わるとも知《し》れない無限《むげん》の労苦《ろうく》とも、受《う》け止《と》められるかもしれない。

しかし、大聖人は、この「億劫《おくごう》の辛労《しんろう》」は、妙法を唱《とな》え戦《たたか》う、瞬間《しゅんかん》瞬間のわが一念《いちねん》に尽《つ》くせるのだと、大転換《だいてんかん》して教《おし》えてくださっています。億劫にわたる辛労を、この一瞬の一念に凝縮《ぎょうしゅく》する。言《い》い換《か》えれば、いかに「今《いま》この瞬間」を勝ち切《き》るかを離《はな》れて、「億劫の辛労」を尽くす道《みち》はないのです。

御書に「師子王《ししおう》の剛弱《ごうじゃく》を嫌《きら》わずして大力《だいりき》を出《いだ》す」(全九九二ジペー・新一三四六ジペー)と仰《おお》せのように、師子王は、いかなる相手《あいて》、いかなる時《とき》であっても全力《ぜんりょく》を奮《ふる》い起《お》こすといいます。相手《あいて》を侮《あなど》って力《ちから》を出《だ》し惜《お》しみすることなどしません。

だからこそ、目《め》の前《まえ》の瞬間《しゅんかん》瞬間を逃《のが》さず、全力《ぜんりょく》を尽《つ》くす。題目を唱《とな》えて、懸《けん》命《めい》に戦《たたか》い抜《ぬ》く――この精進行《しょうじんぎょう》にこそ、仏法の「勇猛精進《ゆうみょうしょうじん》」、すなわち勇気《ゆうき》の真《しん》髄《ずい》があると拝《はい》したい。

「勇猛精進《ゆうみょうしょうじん》」によって、「無作三身《むささんじん》」（注4）という本来《ほんらい》、わが生命《せいめい》に具《そな》わる、仏《ほとけ》の慈悲《じひ》と智慧《ちえ》、そして真実《しんじつ》の力《ちから》が泉《いずみ》の如《ごと》く湧《わ》き上がってくるのです。

みずみずしい本因妙《ほんいんみょう》の生命《せいめい》を

「御義口伝《おんぎくでん》」には、涌出品《ゆじゅっぽん》の「仏道《ぶつどう》ヲ求《もと》メンガ為《ため》ノ故《ゆえ》ナリ」との一節《いっせつ》について、一重深《いちじゅうふか》い読《よ》み方《かた》が記《しる》されています。それが「仏道《ぶつどう》ヲ求《もと》メタルコト　モトヨリナリ」との読《よ》みです。御書全集では、経文《きょうもん》の左《ひだり》に付《ふ》されています（全七九〇ページ・新一〇九九ページ）。

すなわち、これは昼夜《ちゅうや》に常《つね》に精進《しょうじん》していること自体《じたい》、すでに仏道《ぶつどう》を成就《じょうじゅ》していることであるとする読《よ》み方《かた》です。どこまでも、精進行《しょうじんぎょう》が一切《いっさい》の要《かなめ》です。広宣《こうせん》流布《るふ》に戦《たたか》う精進行《しょうじんぎょう》の人は、そのまま、無作三身《むささんじん》の境涯《きょうがい》を会得《えとく》しているのです。

したがって、いかなることがあろうとも、自行化他《じぎょうけた》の題目を唱《とな》え抜《ぬ》く根本《こんぽん》の一念《いちねん》において、「常《つね》に精進《しょうじん》する」心《こころ》は揺《ゆ》るぎなく定《さだ》まっている。時々刻々《じじこっこく》と変《へん》化《か》する、どの瞬間《しゅんかん》に臨《のぞ》んでも題目を忘《わす》れなければ、道《みち》を求《もと》める心《こころ》は勇《いさ》み燃《も》え上《あ》がる。これが「もとより」の姿勢《しせい》です。それは、みずみずしい本因妙《ほんいんみょう》（注5）の生命《せいめい》であり、常《つね》に新《あたら》しく、常に強《つよ》く、常に真剣《しんけん》です。まさに「南無妙法蓮華経は精進行《しょうじんぎょう》」なのです。

なぜ、創価学会には、常《つね》に伸《の》びゆく息吹《いぶき》があるのか。それは、老若男女《ろうにゃくなんにょ》を問《と》わず、このたゆまぬ求道心《きゅうどうしん》とともに、人間革命と広宣流布への勇気《ゆうき》が脈打《みゃくう》っているからです。

勇敢《ゆうかん》に挑《いど》み勝った「庶民《しょみん》の英雄《えいゆう》」

勇《いさ》ましく振《ふ》る舞《ま》うだけが、勇気《ゆうき》ではありません。仏法の勇気には、真実《しんじつ》を

「如実知見《にょじつちけん》」（注6）し、勝《か》ち越《こ》えていく智慧《ちえ》があります。

病気《びょうき》や事故《じこ》、死魔《しま》、経済苦《けいざいく》、人間関係等《かんけいとう》、人生には、思《おも》いもよらない試練《しれん》や、直視《ちょくし》するのも恐《おそ》ろしい苦難《くなん》が次々《つぎつぎ》と襲《おそ》いかかる。絶望《ぜつぼう》の底《そこ》に突《つ》き落《お》とされるような宿業《しゅくごう》の嵐《あらし》に見舞《みま》われることもあります。しかし、如実知見《にょじつちけん》――信心の眼《まなこ》を開《ひら》くなら、誰《だれ》もが本来《ほんらい》、金剛不壊《こんごうふえ》の仏《ほとけ》の生命《せいめい》を具《そな》えており、妙法を唱《とな》えていけば、仏《ほとけ》の生命力《せいめいりょく》を顕現《けんげん》してすべてを乗《の》り越《こ》え、真実《しんじつ》の幸福境涯《こうふくきょうがい》を確立《かくりつ》していける――。

それゆえに、創価学会には、ありとあらゆる熾烈《しれつ》な人生の現実《げんじつ》に、真《ま》っ正面《しょうめん》から挑戦《ちょうせん》する人間革命のドラマがあります。障魔《しょうま》や苦難《くなん》の試練《しれん》にも、嘆《なげ》かず、恐《おそ》れず、臆《おく》さず、勇敢《ゆうかん》に堂々《どうどう》と挑《いど》み、祈《いの》り、戦《たたか》い勝《か》ってきた「庶民《しょみん》の英雄《えいゆう》」が無数《むすう》に光《ひか》っています。あの地《ち》にもこの地にも、勇気の宝冠《ほうかん》を戴《いただ》いた宿命転換《しゅくめいてんかん》の王者《おうじゃ》が、桜梅桃李《おうばいとうり》の福徳《ふくとく》の女王《じょおう》が、広宣流布のために活躍《かつやく》しているのです。

民衆《みんしゅう》一人ひとりが、尊《とうと》き地涌《じゆ》の勇者《ゆうしゃ》であり、師弟共戦《していきょうせん》の闘士《とうし》なのです。

乙《おと》御《ご》前《ぜん》御《ご》消息《しょうそく》

御文

（全一二二〇ページ・新一六八九ページ）

妙楽大師《みょうらくだいし》のたまはく「必《かなら》ず心《こころ》の固《かた》きに仮《よ》りて神《かみ》の守《まも》り則《すなわ》ち強《つよ》し」等云云《うんぬん》、人の心《こころ》かたければ神《かみ》のまほり必《かなら》ずつよしとこそ候《そうら》へ、是《これ》は御《おん》ために申《もう》すぞ古《いにし》への御心《おんこころ》ざし申《もう》す計《ばか》りなし・其《それ》よりも今一重強盛《いまいちじゅうごうじょう》に御志《おんこころざし》あるべし、其《そ》の時《とき》は弥弥十羅刹女《いよいよじゅうらせつにょ》の御《おん》まほりも・つよかるべしと・おぼすべし、例《ためし》には他《た》を引《ひ》くべからず、日蓮をば日本国《にほんこく》の上一人《かみいちにん》より下万民《しもばんみん》に至《いた》るまで一人《いちにん》もなくあやまた《失》んと・せしかども・今《いま》までかう《斯》て候事《そうろうこと》は一人《いちにん》なれども心《こころ》のつよき故《ゆえ》なるべしと・おぼすべし

現代語訳

妙楽大師《みょうらくだいし》は、「必《かなら》ず心《こころ》の固《かた》きに仮《よ》りて神《かみ》の守《まも》り則《すなわ》ち強《つよ》し」等《とう》と言《い》われている。心の堅固《けんご》な者《もの》には神の守りが必《かなら》ず強いということである。これは、あなたのために申《もう》すのである。あなたの前々《まえまえ》からの御志《おんこころざし》は立派《りっぱ》であり、とても言《い》い尽《つ》くせない。しかし今《いま》、それよりもなお一重《いちじゅう》強盛《ごうじょう》な信心の御志《おんこころざし》に立ちなさい。その時《とき》はいよいよ十羅刹女《じゅうらせつにょ》の守りも強くなるのだと思《おも》いなさい。その例《れい》は他《ほか》から引《ひ》くには及《およ》ばない。この日蓮を日本国《にほんこく》の上一人《かみいちにん》より下万民《しもばんみん》に至《いた》るまで、一切《いっさい》の人々が害《がい》しようとしたが、今《いま》までこうして無事《ぶじ》に生きていられることは、日蓮は一人であっても、法華経を信《しん》ずる心が強いゆえである（だから諸天《しょてん》の守《まも》りも強《つよ》い）と確信《かくしん》していきなさい。

「師弟《してい》の道《みち》」貫《つらぬ》く求道《きゅうどう》の女性《じょせい》

次《つぎ》に拝《はい》するのは「乙御前の母《おとごぜんのはは》」に送《おく》られた「乙御前御消息《ごしょうそく》」（注7）です。

この女性《じょせい》は、流罪《るざい》された大聖人を慕《した》い、山を越《こ》え、海《うみ》を渡《わた》って、鎌倉《かまくら》から、遠《とお》く佐渡《さど》の地《ち》までお訪《たず》ねしました。弾圧《だんあつ》で多《おお》くの弟子《でし》が退転《たいてん》していく中で、まっすぐに師弟《してい》の道《みち》を貫《つらぬ》いた勇敢《ゆうかん》なる女性であり、大聖人は「日妙聖人《にちみょうしょうにん》」と讃《たた》えられています（注8）。

大聖人の御在世《ございせ》も、また今日《こんにち》においても、この「乙御前の母《おとごぜんのはは》」の如《ごと》く「強盛《ごうじょう》の御志《おんこころざし》」を燃《も》え上《あ》がらせた勇気《ゆうき》ある母たちが、広宣流布の道《みち》なき道を切《き》り開《ひら》いてきました。

そして〝師匠《ししょう》が戦《たたか》った如《ごと》く！〟と不二《ふに》の心《こころ》で立ち上がった庶民《しょみん》の父母《ちちはは》たちによる勇気《ゆうき》の継承劇《けいしょうげき》は、時《とき》を超《こ》えて、国境《こっきょう》を超《こ》えて、世界《せかい》の友《とも》に広《ひろ》がっていきました。だからこそ、妙法は世界に流布《るふ》したのです。

「乙御前《おとごぜん》の母《はは》」が、どれほど真剣《しんけん》に信心に励《はげ》んできたか。それは、大聖人だ全《すべ》て御照覧《ごしょうらん》です。しかし、幼《おさな》き乙御前《おとごぜん》を抱《かか》え、逆境《ぎゃっきょう》の中にいることは変《か》わりません。そこで、大聖人は励《はげ》まされています。

――これまで、あなたがよく頑張《がんば》ってきたことは申《もう》すまでもありません。その上で言うのです。今一重《いまいちじゅう》、強盛《ごうじょう》な信心に立ち上がる時《とき》ですよ――。今《いま》こそ、もう一重《いちじゅう》、深《ふか》く、強《つよ》く、勇気《ゆうき》を奮《ふる》い起《お》こしなさい。必《かなら》ず大きく打開《だかい》できるのです、との大激励《だいげきれい》です。

この今一重深《いまいちじゅうふか》きに就《つ》く勇気《ゆうき》の継承者《けいしょうしゃ》こそ、わが「従藍而青《じゅうらんにしょう》」の青年たちであります。

「一人立つ」心《こころ》の強《つよ》き勇者《ゆうしゃ》に

さらに大聖人は、「例《ためし》には他《た》を引《ひ》くべからず」と、ありとあらゆる大難《だいなん》を忍《にん》耐《たい》し、乗《の》り越《こ》え、勝《か》ち越《こ》えてこられた御自身《ごじしん》の御生涯《ごしょうがい》を実例《じつれい》とされながら、いよいよ「強盛《ごうじょう》の御志《おんこころざし》」を燃《も》え上《あ》がらせることを訴《うった》えられています。

大聖人は、たった一人であっても、こうして堂々《どうどう》と勝《か》ってきたのは、「心《こころ》の強《つよ》き」ゆえであると結論《けつろん》されています。

この「心《こころ》の強《つよ》き」の対極《たいきょく》が、「臆病《おくびょう》」です。

同《おな》じ「乙御前御消息《おとごぜんごしょうそく》」には、「軍《いくさ》には大将軍《だいしょうぐん》を魂《たましい》とす大将軍をく《臆》しぬれば歩《つわ》兵臆病《ものおくびょう》なり」（全一二一九ページ・新一六八八ページ）と仰《おお》せです。牧口常三郎《つねさぶろう》先生も線《せん》を強《つよ》く引《ひ》かれていた一節《いっせつ》です。創価のリーダーは断固《だんこ》たる勇気《ゆうき》を持《も》たねばならない。「勇将《ゆうしょう》の下《もと》に弱卒《じゃくそつ》無《な》し」です。

大聖人は、何度《なんど》も弟子《でし》に教《おし》えられています。

「日蓮が弟子等《でしら》は臆病《おくびょう》にては叶《かな》うべからず」（全一二八二ページ・新一六七五ページ）

「ふかく信心《しんじん》をとり給《たま》へ、あへて臆病《おくびょう》にては叶《かな》うべからず候《そうろう》」（全一一九三ページ・新一六二三ページ）

臆病《おくびょう》に勝《か》ち、深《ふか》き信心の志《こころざし》に立つことが勇気《ゆうき》です。偉大《いだい》な人生の勇者《ゆうしゃ》の道《みち》です。さらに御聖訓《ごせいくん》には仰《おお》せです。

「各各師子王《おのおのししおう》の心《こころ》を取《と》り出《いだ》して・いかに人《ひと》をどすともをづる事《こと》なかれ、師子王は百獣《ひゃくじゅう》にをぢず・師子の子《こ》・又《また》かくのごとし、彼等《かれら》は野干《やかん》のほう《吼》るなり日蓮が一門《いちもん》は師子の吼《ほう》るなり（中略）月月《つきづき》・日日《ひび》につよ《強》り給《たま》へ・すこしもたゆ《撓》む心あらば魔《ま》たよりをうべし」（全一一九〇ページ・新一六二〇ページ）

「をづる事《こと》なかれ」、すなわち「わが弟子《でし》たちは、恐《おそ》れてはならない」「怖《お》じ気《け》づいてはならない」と励《はげ》まされています。

地涌《じゆ》の菩薩《ぼさつ》は、「其《そ》の心《こころ》に畏《おそ》るる所無《ところな》く」（法華経四七二ページ）です。

常《つね》に問《と》うべきは〝今《いま》、汝《なんじ》の胸《むね》に勇気《ゆうき》はあるか〟です。勇気こそ人生凱歌《がいか》の第《だい》一条件《いちじょうけん》であり、広宣勝利《しょうり》の将軍学《しょうぐんがく》の核心《かくしん》です。

題目の師子吼《ししく》で弱《よわ》い心《こころ》を破《やぶ》る

勇気《ゆうき》は、遠《とお》くにあるのではない。十界互具《じっかいごぐ》のわが生命《せいめい》の中に、厳然《げんぜん》とある。

老若男女《ろうにゃくなんにょ》を問《と》わず、誰《だれ》でも勇気は出せるのです。題目の師子吼《ししく》で自身《じしん》の弱《よわ》い心《こころ》を打《う》ち破《やぶ》るのです。諦《あきら》めの壁《かべ》を乗《の》り越《こ》えて戦《たたか》っていくのです。

そして自他共《じたとも》の幸福《こうふく》を願《ねが》って勇気《ゆうき》の対話《たいわ》を実践《じっせん》していくことが慈悲《じひ》に通《つう》じていくのです。

戸田先生は教《おし》えてくださいました。

「凡夫《ぼんぷ》には慈悲《じひ》など、なかなか出るものではない。だから慈悲に代《か》わるものは『勇気《ゆうき》』です。『勇気』をもって、正しいものは正しいと語《かた》っていくことが『慈悲』に通《つう》じる。表裏一体《ひょうりいったい》なのです。表《おもて》は勇気です」と。

「勇気《ゆうき》ある信心」、それ自体《じたい》が、仏界《ぶっかい》に通《つう》じます。我《われ》ら創価の師弟《してい》は、永遠《えいえん》に、この「勇気の力《ちから》」をもって戦《たたか》い、勝《か》っていくのです。

師弟《してい》に生き抜《ぬ》き信念《しんねん》の道《みち》を

ここで、かのマハトマ・ガンジー（注9）の言葉《ことば》を紹介《しょうかい》したいと思《おも》います。

「私の夢《ゆめ》はけっして実現《じつげん》されないと言われても、私は『可能《かのう》だ』と答《こた》えて、わが道《みち》を進《すす》むだろう。私は非暴力《ひぼうりょく》の百戦錬磨《ひゃくせんれんま》の兵士《へいし》であり、自分《じぶん》の信念《しんねん》を支《ささ》えるだけの証拠《しょうこ》を持《も》ち合《あ》わせている。したがって、仲間《なかま》が一人であろうと多勢《たぜい》であろうと、あるいは、一人もなかろうと、私は自分《じぶん》の実験《じっけん》を続《つづ》けねばならぬ」

一度《ひとたび》、自《みずか》ら決《き》めた信念《しんねん》の道《みち》を貫《つらぬ》き通《とお》すことこそ、最高《さいこう》の勇気《ゆうき》ある生《い》き方《かた》であることを深《ふか》く示《しめ》してくれています。

私たちには、人類《じんるい》が夢見《ゆめみ》た、平和《へいわ》と真実《しんじつ》の幸福《こうふく》を実現《じつげん》する、偉大《いだい》な広宣流布という信念《しんねん》の大道《だいどう》があります。

思《おも》えば、創価学会は、牧口先生と戸田先生の二人の師弟《してい》から出発《しゅっぱつ》した団体《だんたい》です。やがて軍部政府《ぐんぶせいふ》の弾圧《だんあつ》下《か》、牧口先生が獄死《ごくし》され、敗戦《はいせん》の焦土《しょうど》で「広宣流布の時来《ときき》たる！」と再《ふたた》び立ったのは、戸田先生お一人でした。

私は十九歳《さい》で、先生の弟子《でし》となり、師《し》を支《ささ》え、師の一切《いっさい》を受《う》け継《つ》ぎました。

そして、同志《どうし》と共《とも》に、師弟《してい》の誓願《せいがん》である世界《せかい》広宣流布を現実《げんじつ》のものとしてきました。
「猶多怨嫉《ゆたおんしつ》・況滅度後《きょうめつどご》」（注10）の嵐《あらし》を突《つ》き抜《ぬ》け、権力《けんりょく》にも財力《ざいりょく》にも、権威《けんい》にもよらず、創価三代《さんだい》の師弟《してい》は、勇気《ゆうき》の松明《たいまつ》を掲《かか》げ、仏教史《ぶっきょうし》に燦然《さんぜん》と輝《かがや》く地涌《じゆ》の民衆《みんしゅう》の連帯《れんたい》を築《きず》き上げてきたのです。

わが創価の師弟《してい》の歩《あゆ》んだ道《みち》は、一生成仏《いっしょうじょうぶつ》の信心という最極《さいごく》の勇気《ゆうき》の道であり、広宣流布と立正安国《りっしょうあんこく》への不朽《ふきゅう》の勇気の道です。

今《いま》、この勇気《ゆうき》の大道《だいどう》を、世界中《せかいじゅう》の地涌《じゆ》の青年たちが、力強《ちからづよ》くスクラムを組《く》みながら大行進《だいこうしん》してくれている。牧口先生、戸田先生が、いかばかり喜《よろこ》ばれていることでしょうか。

勇《いさ》んで「地球《ちきゅう》広布の黄金時代《おうごんじだい》」を

世界《せかい》百九十二カ国《こく》・地域《ちいき》で地涌《じゆ》の友《とも》が躍動《やくどう》する、絢爛《けんらん》たる地球《ちきゅう》広布の黄金時《おうごんじ》代《だい》を迎《むか》えました。我《われ》ら創価の師弟《してい》は断固《だんこ》と勝《か》ったのです。

これからも創価学会は、勇気《ゆうき》また勇気で前進《ぜんしん》していこう！

勇気《ゆうき》は決意《けつい》を生む。行動《こうどう》を生む。歓喜《かんき》を生む。勇気は希望《きぼう》の源《みなもと》だ。勇気は壁《かべ》を破《やぶ》る。勇気は道《みち》を開《ひら》く。勇気は勝利《しょうり》を約束《やくそく》する。そして、勇気は勇気を広げるのです。

わが愛《あい》する世界《せかい》の青年たちよ、勇気《ゆうき》あれ！　どこまでも勇気あれ！　断《だん》じて勇気あれ！　徹《てっ》して勇気あれ！

青年の心《こころ》を抱《いだ》く地涌《じゆ》の全同志《ぜんどうし》よ、いざ勇猛精進《ゆうみょうしょうじん》だ！　勇気凛々《ゆうきりんりん》と栄光《えいこう》の勝《か》ち鬨《どき》を轟《とどろ》かせようではないか！

［注　解］

（注1）【「御義口伝《おんぎくでん》」】日蓮大聖人が、身延《みのぶ》で法華経の要文《ようもん》を講義《こうぎ》され、それを日興上人《にっこうしょうにん》が筆録《ひつろく》したと伝《つた》えられている。上下二巻からなる。

（注2）【地涌《じゆ》の菩薩《ぼさつ》】法華経従地涌出品《じゅうじゆじゅっぽん》第十五で、釈尊《しゃくそん》が滅後《めつご》における妙法弘通《ぐつう》を託《たく》すべき人々として呼《よ》び出《だ》した菩薩たち。大地《だいち》から涌出《ゆじゅつ》したので地涌の菩薩という。如来神力品《にょらいじんりきほん》第二十一で滅後悪世《めつごあくせ》における弘通《ぐつう》が、釈尊から地涌の菩薩の上首《じょうしゅ》・上行《じょうぎょう》菩薩らに託《たく》された。

（注3）【「随縁真如《ずいえんしんにょ》の智《ち》」】永遠《えいえん》の法《ほう》をよりどころとしながら、縁《えん》に随《したが》って、それに最《もっと》も適切《てきせつ》に対《たい》応《おう》していく真実《しんじつ》の自在《じざい》の智慧《ちえ》。

（注4）【「無作三身《むささんじん》」】「無作」は、何《なん》の人為《じんい》も加《くわ》えられていない、本来《ほんらい》のまま、ありのままということ。有作《うさ》に対《たい》する語《ご》。「三身」は、生命《せいめい》に本来具《そな》わる仏界《ぶっかい》の三つの側面《そくめん》（法身《ほっしん》・報身《ほうしん》・応身《おうじん》）。「法身」とは覚《さと》りの法《ほう》そのもの、「報身」は法を覚知《かくち》する智慧《ちえ》、「応身」は人々を救《すく》うために現《あらわ》す実践《じっせん》の姿《すがた》。

（注5）【本因妙《ほんいんみょう》】本因妙とは、諸仏《しょぶつ》が仏《ほとけ》になる根本原因《こんぽんげんいん》の法《ほう》である南無妙法蓮華経をいう。この仏法の実践《じっせん》にあって、常《つね》に根本・根源《こんげん》の法《ほう》に立《た》ち返《かえ》り、それに基《もと》づいて、「今《いま》」「ここ」か

ら万事《ばんじ》に臨《のぞ》み打開《だかい》していく積極的《せっきょくてき》な行動《こうどう》が本因妙の姿勢《しせい》である。

（注6）【「如実知見《にょじつちけん》」】現実《げんじつ》の相《そう》（ありさま、すがた）をありのままに見ること。法華経如来寿量《にょらいじゅりょう》品《ほん》第十六には「如来は如実に三界《さんがい》の相《そう》を知見《ちけん》する」（法華経四八一ページ）とある。如来は、三《さん》界《がい》（衆生《しゅじょう》の住《す》む現実の世界《せかい》）を如実に知見して、森羅万象《しんらばんしょう》の十界《じっかい》（諸法《しょほう》）の真実《しんじつ》の姿《すがた》（実《じっ》相《そう》）を捉《とら》え、一切衆生《いっさいしゅじょう》を救済《きゅうさい》する智慧《ちえ》を説《と》くことができる。

（注7）【「乙御前御消息《おとごぜんごしょうそく》」】建治元年《けんじがんねん》（一二七五年）、乙御前の母《はは》に送《おく》られたお手紙。万人《ばんにん》を成仏《じょうぶつ》させる正法《しょうほう》を弘《ひろ》める法華経の行者《ぎょうじゃ》の大確信を教えられ、その大聖人と共《とも》に歩《あゆ》む門下《もんか》の純真《じゅんしん》な信心を讃《たた》えられ、なお信心の志《こころざし》を重《かさ》ねるよう励《はげ》まされている。

（注8）「日本第一の法華経の行者《ぎょうじゃ》の女人《にょにん》なり、故《ゆえ》に名《な》を一《ひと》つつけたてまつりて不軽菩薩《ふぎょうぼさつ》の義《ぎ》になぞらへん・日妙聖人等云云《にちみょうしょうにんとううんぬん》」（全一二一七ページ・新一六八三ページ）

（注9）【マハトマ・ガンジー】一八六九年～一九四八年。インドの政治家、民族運動《みんぞくうんどう》の指導者《しどうしゃ》。一八九三年、南《みなみ》アフリカで、インド人に対《たい》する白人の人種差別《じんしゅさべつ》に反対《はんたい》し、サティヤーグラハ（真理《しんり》の把握《はあく》）と呼《よ》ぶ非暴力《ひぼうりょく》の不服従《ふふくじゅう》運動を展開《てんかい》。第《だい》一次《じ》大戦《たいせん》後《ご》、インドに帰国《きこく》し、一九二〇年代初頭《ねんだいしょとう》からインド国民会議派《こくみんかいぎは》を率《ひき》いて独立《どくりつ》運動を指導した。インド民族運動の指導者として、文豪《ぶんごう》タゴールにより、「マハトマ（偉大《いだい》な魂《たましい》）」と呼《よ》ばれた。引用は、K・クリパラーニー編『抵抗するな・屈服するな《ガンジー語録》』古賀勝郎訳、朝日新聞社。

（注10）【「猶多怨嫉《ゆたおんしつ》・況滅度後《きょうめつどご》」】法華経法師品《ほっしほん》第十に「而《しか》も此《こ》の経《きょう》は、如来《にょらい》の現《げん》に在《いま》すすら猶怨《なおおん》嫉多《しつおお》し。況《いわ》んや滅度《めつど》して後《のち》をや」（法華経三六二ジペー）とある。この法華経を説《と》く時《とき》は釈尊《しゃくそん》の在世《ざいせ》でさえ、なお怨嫉（反発《はんぱつ》、敵対《てきたい》）が強《つよ》いのだから、ましてや、釈尊が入滅《にゅうめつ》した後《あと》において、より多《おお》くの怨嫉を受《う》けるのは当然《とうぜん》である、との意《い》。

負《ま》けじ魂《だましい》——何度《なんど》でも立ち上がる勝者《しょうしゃ》たれ！

恩師《おんし》・戸田城聖先生のもと、青年部が学んだ名作《めいさく》の一つに、ホール・ケインの『永遠《えいえん》の都《みやこ》』（注1）がありました。

この中で、主人公《しゅじんこう》のロッシィが、同志《どうし》に語《かた》りかける場面《ばめん》があります。

「苦《くる》しみを甘《あま》んじて受《う》け、耐《た》え忍《しの》んで強《つよ》くなってきた人間こそ、この世《よ》でいちばん強《つよ》い人間なのだ」

思《おも》うにまかせぬ時に目をそらしたり、逃《に》げたりせずに、〝今に見よ〟と「負《ま》けじ魂《だましい》」で立ち上がった人間こそ、最強《さいきょう》の王者《おうじゃ》なのです。

創価学会青年部は師子王《ししおう》の集《つど》い

日蓮大聖人は、偉大《いだい》な師子王《ししおう》であられた。この「師子王の心《こころ》」を受《う》け継《つ》いだのが、わが創価学会です。ゆえに、創価後継《こうけい》の男女青年部は、御本仏直系《ごほんぶつちょっけい》の「師子王の集《つど》い」です。

仏法で説《と》く師子王《ししおう》とは、仏《ほとけ》の偉大《いだい》な生命《せいめい》を譬《たと》えたものです。

師子《しし》は何《なに》ものにも負《ま》けない。断《だん》じて勝《か》つ。師子とは「不敗《ふはい》」の異名《いみょう》です。

「負《ま》けじ魂《だましい》」とは、この王者《おうじゃ》の大境涯《だいきょうがい》を端的《たんてき》に示《しめ》した言葉《ことば》とも言《い》えましょう。

六十五年前《ねんまえ》（一九五三年）、私は文京支部長代理《ぶんきょうしぶちょうだいり》として訴《うった》えました。

文京《ぶんきょう》は「意地《いじ》をもて！」「強気《つよき》でいけ！」「負《ま》けじ魂《だましい》を燃《も》やせ！」と。

皆《みな》が、私の心《こころ》に呼応《こおう》して立ち上がってくれました。そして、結果《けっか》の出なかった小さな支部《しぶ》が日本一となり、「大文京《だいぶんきょう》」となったのです。

不撓不屈《ふとうふくつ》の執念《しゅうねん》が金字塔《きんじとう》を築《きず》く

その前年《ぜんねん》にあった「二月闘争《とうそう》」も同《おな》じです。二十四歳《さい》の私は、恩師《おんし》の願業《がんぎょう》である「七十五万世帯《せたい》」への突破口《とっぱこう》を断《だん》じて開《ひら》かんと、師匠《ししょう》の心《こころ》を体《たい》して戦《たたか》いました。

当時《とうじ》は、草創期《そうそうき》であり、学会員が仏法対話《たいわ》に訪《おとず》れると、無理解《むりかい》や偏見《へんけん》から、罵声《ばせい》を浴《あ》びせられたり、塩《しお》や水をまかれたりすることさえありました。それでも、もう一軒《いっけん》、もう一軒と、同志《どうし》は不撓不屈《ふとうふくつ》の闘志《とうし》で折伏《しゃくぶく》に歩《ある》き抜《ぬ》きました。困難《こんなん》であればあるほど、信心の炎《ほのお》を燃《も》え上がらせたのです。

私は、御聖訓《ごせいくん》に照《て》らし、結果《けっか》にかかわらず、弘教《ぐきょう》に挑戦《ちょうせん》された方々《かたがた》を、「全《ぜん》部《ぶ》、自分《じぶん》のためになります」「よくぞ、頑張《がんば》られました」と、讃《たた》えずにはおられませんでした。

経済苦《けいざいく》や病苦《びょうく》などの宿命《しゅくめい》と悪戦苦闘《あくせんくとう》しながらも、同志《どうし》は絶対《ぜったい》に負《ま》けなかった。労苦《ろうく》の中で信心の体験《たいけん》をつかみ、それを生《い》き生きと語《かた》っていった。その姿《すがた》には、「負《ま》けじ魂《だましい》」が輝《かがや》いていた。広布史《こうふし》に輝く金字塔《きんじとう》は、目覚《めざ》めた庶民《しょみん》が打《う》ち立《た》てた不滅《ふめつ》の闘争《とうそう》の結晶《けっしょう》なのです。

第一の要諦《ようてい》は、自分《じぶん》を信《しん》じ抜《ぬ》くこと

ここでは、広布と人生の険難《けんなん》の峰《みね》に果敢《かかん》に挑《いど》む若《わか》き友《とも》にエールを贈《おく》る思《おも》いで、日蓮仏法の真髄《しんずい》であり、学会精神《せいしん》の根幹《こんかん》たる「負《ま》けじ魂《だましい》」について講義《こうぎ》させていただきます。

「負《ま》けじ魂《だましい》」を貫《つらぬ》く上での第一の要諦《ようてい》は「自分自身《じぶんじしん》を信《しん》じ抜《ぬ》く」ことです。自身の本有《ほんぬ》の仏性《ぶっしょう》を、何《なに》があっても疑《うたが》わず信じ抜くこと。これが「負けじ魂」を持《も》つ信仰者《しんこうしゃ》の根本条件《こんぽんじょうけん》です。最初《さいしょ》に、この法理《ほうり》を確認《かくにん》します。

一生成仏抄《いっしょうじょうぶつしょう》

御文

（全三八三㌻・新三一六㌻）

妙法蓮華経《みょうほうれんげきょう》と唱《とな》へ持《たも》つと云《い》うとも若《も》し己心《こしん》の外《ほか》に法《ほう》ありと思《おも》はば全《まった》く妙法《みょうほう》にあらず麤法《そほう》なり、麤法《そほう》は今経《こんきょう》にあらず今経《こんきょう》にあらざれば方便《ほうべん》なり権門《ごんもん》なり、方便権門《ほうべんごんもん》の教《おしえ》ならば成仏《じょうぶつ》の直道《じきどう》にあらず成仏《じょうぶつ》の直道《じきどう》にあらざれば多生曠劫《たしょうこうごう》の修行《しゅぎょう》を経《へ》て成仏《じょうぶつ》すべきにあらざる故《ゆえ》に一生成仏《いっしょうじょうぶつ》叶《かな》いがたし、故《ゆえ》に妙法《みょうほう》と唱《とな》へ蓮華《れんげ》と読《よ》まん時《とき》は我《わ》が一念《いちねん》を指《さ》して妙法蓮華経《みょうほうれんげきょう》と名《なづ》くるぞと深《ふか》く信心《しんじん》を発《おこ》すべきなり

現代語訳

妙法蓮華経と唱《とな》え持《たも》っているといっても、もし、自身《じしん》の生命《せいめい》の外《ほか》に法《ほう》があると思《おも》ったならば、それはまったく妙法ではなく、麤法《そほう》（不完《ふかん》全《ぜん》な法《ほう》）である。

麤法《そほう》は、法華経ではない。法華経でなければ方便《ほうべん》の教《おし》えであり、仮《かり》の教《おし》えである。方便であり、仮の教えであるならば、成仏《じょうぶつ》へ直《ただ》ちに至《いた》る道《みち》ではない。成仏へ直ちに至る道でなければ、何度《なんど》も繰《く》り返《かえ》し生まれて重《かさ》ねる長遠《ちょうおん》な修行《しゅぎょう》を経《へ》て成仏できるわけでもないので、一生《いっしょう》成仏はついに叶《かな》うことはない。

ゆえに、妙法と唱《とな》え、蓮華《れんげ》と読《よ》む時《とき》は、自身《じしん》の一念《いちねん》を指《さ》して妙法蓮華経と名《な》づけているのだ、と深《ふか》く信心を起《お》こすべきである。

粘《ねば》り抜《ぬ》いた逆転劇《ぎゃくてんげき》で人生の栄光《えいこう》を

「一生成仏抄《いっしょうじょうぶつしょう》」（注2）は、〝誰《だれ》もが、この一生のうちに必ず仏《かならずほとけ》になれる〟方途《ほうと》を、明快《めいかい》に示《しめ》された希望《きぼう》あふれる御書です。大聖人は、今《いま》がどうあれ、また過去《かこ》がどうであったにしろ、妙法を唱《とな》える人は、必《かなら》ず未来永遠《みらいえいえん》に幸福《こうふく》を勝《か》ち開《ひら》くことができるとお約束《やくそく》です。

人生の勝敗《しょうはい》は途中《とちゅう》で決《き》まりません。いかなる苦難《くなん》が押《お》し寄《よ》せようとも、題目を唱《とな》え、広布に生《い》き抜《ぬ》いていけば、必《かなら》ず一つ一つ変毒為薬《へんどくいやく》（注3）していくことができるのです。人生の栄光《えいこう》は、粘《ねば》り抜《ぬ》いた逆転劇《ぎゃくてんげき》によって勝《か》ち取《と》るものです。この一生《いっしょう》の中で、大境涯《だいきょうがい》を確立《かくりつ》できる。これが一生成仏《いっしょうじょうぶつ》の直道《じきどう》です。

自身《じしん》の可能性《かのうせい》をどこまでも信《しん》じる

大聖人の仏法は、〝自分《じぶん》の中に偉大《いだい》なる仏《ほとけ》の生命《せいめい》がある〟と、自覚《じかく》するところから出発《しゅっぱつ》します。

ゆえに、私たちの祈《いの》りとは、何《なに》かに助《たす》けてもらうというような、〝おすがり信仰《しんこう》〟ではありません。どこまでも自分自身《じぶんじしん》の可能性《かのうせい》を信《しん》じ抜《ぬ》く戦《たたか》いです。自《みずか》らの生命《せいめい》に具《そな》わる仏界《ぶっかい》の生命《せいめい》を涌現《ゆげん》していくのです。その「月月《つきづき》・日日《ひび》」(全一一九〇ジペー・新一六二〇ジペー)の勝負《しょうぶ》なのです。

大聖人は、「己心《こしん》の外《ほか》」に法《ほう》を求《もと》めるならば、どんなに題目を唱《とな》えていても成仏《じょうぶつ》は叶《かな》わず、むしろ無量《むりょう》の苦行《くぎょう》になってしまうとまで仰《おお》せです。「己心《こしん》の外《ほか》」に法《ほう》を求《もと》めるとは、自分《じぶん》の外《そと》に、幸《こう》・不幸《ふこう》の原因《げんいん》と結果《けっか》を求《もと》めることです。〝あの人が悪《わる》い〟〝条件《じょうけん》が悪かった〟といった、責任転嫁《せきにんてんか》もそうでしょう。

〝まさか〟という試練《しれん》に遭《あ》った時《とき》、信心への確信《かくしん》が揺《ゆ》らぎ、臆《おく》したり、境遇《きょうぐう》を嘆《なげ》いたり、人を恨《うら》んだりする不信《ふしん》もそうです。

「御本仏《ごほんぶつ》と同《おな》じ生命《せいめい》」を持《も》っている!

たとえ、人生の途上《とじょう》で、自身《じしん》の思《おも》い願《ねが》った通《とお》りにならなくとも、「負《ま》けじ魂《だましい》」の人に決《けっ》して悲観《ひかん》はありません。

戸田先生は、女子部の友《とも》に語《かた》られました。

「もったいなくも、御本仏《ごほんぶつ》と同《おな》じ生命《せいめい》を持《も》っている自分自身《じぶんじしん》に誇《ほこ》りをもちなさい。気高《けだか》い心《こころ》で、人生を勝《か》ちぬくことです。自分自身を卑《いや》しめていくことは、絶対《ぜったい》にあってはならない」

〝自分《じぶん》なんてだめだ〟〝自分には無理《むり》だ〟など、さまざまな人生の落胆《らくたん》や感傷《かんしょう》に流《なが》されず、悠々《ゆうゆう》と乗《の》り越《こ》えていけるのが日蓮仏法です。本来《ほんらい》、尊極《そんごく》な自身《じしん》の生命《せいめい》を矮小化《わいしょうか》させようとする「元品《がんぽん》の無明《むみょう》」(注4)を決然《けつぜん》と打《う》ち破《やぶ》るのが、妙法の功力《くりき》なのです。

いわば、唱題とは自分自身《じぶんじしん》が仏《ほとけ》であることを覆《おお》い隠《かく》す、胸中《きょうちゅう》の無明《むみょう》との闘争《とうそう》です。ゆえに真剣勝負《しんけんしょうぶ》です。唱題で不信《ふしん》をねじ伏《ふ》せ、小さな自分《じぶん》の殻《から》を打《う》ち破《やぶ》ることです。題目こそ、悲哀《ひあい》さえも創造《そうぞう》の源泉《げんせん》に変《か》えゆく根源《こんげん》の力《ちから》なのです。

大聖人は、「妙法《みょうほう》と唱《とな》へ蓮華《れんげ》と読《よ》まん時《とき》は我《わ》が一念《いちねん》を指《さ》して妙法蓮華経《みょうほうれんげきょう》と名《なづ》くるぞと深《ふか》く信心《しんじん》を発《おこ》すべきなり」と仰《おお》せです。深《ふか》く信心を起《お》こし、一念《いちねん》を定《さだ》めて祈《いの》ることで、本来《ほんらい》の自分《じぶん》に立《た》ち戻《もど》り、元初《がんじょ》の生命《せいめい》を奮《ふる》い起《お》こす戦《たたか》いこそが唱題行《しょうだいぎょう》という仏道修行《ぶつどうしゅぎょう》なのです。

戸田先生は、獄中《ごくちゅう》にあって、祈《いの》りを重《かさ》ね、「仏《ほとけ》とは生命《せいめい》なり！」「我《われ》、地涌《じゆ》の菩薩《ぼさつ》なり！」と悟達《ごだつ》されました。

そして、私たちに分《わ》かりやすく、「自分自身《じぶんじしん》が南無妙法蓮華経だと決《き》めることだ！」と、祈《いの》りの根本姿勢《こんぽんしせい》を教《おし》えてくださったのです。

誰《だれ》もが、かけがえのない宝友《ほうゆう》

〝自分自身《じぶんじしん》が妙法の当体《とうたい》なり〟と心定《こころさだ》めた人生に恐《おそ》れるものはありません。

忘《わす》れ得《え》ぬ一九八二年（昭和五十七年）一月の「雪《ゆき》の秋田指導《しどう》」の折《おり》、青年部総《そう》会《かい》にも出席《しゅっせき》し、誉《ほま》れの父母《ちちはは》たちに続《つづ》く若《わか》き後継《こうけい》の弟子《でし》たちに私の思《おも》いをそのまま語《かた》りました。

「自分《じぶん》が思《おも》うと思わざるとにかかわらず、諸君《しょくん》をわが門下生《もんかせい》と信頼《しんらい》しています!」

今《いま》も、この思《おも》いは、いささかも変《か》わることはありません。誰《だれ》がなんと言《い》おうと、誰もが、偉大《いだい》な広布の使命《しめい》を担《にな》った、かけがえのない宝《たから》の一人です。その人にしか広《ひろ》げることのできない仏縁《ぶつえん》を持《も》った、貴《とうと》き宝友《ほうゆう》です。

私は青年を信《しん》じます。たとえどんなことがあっても、必《かなら》ず、立ち上がってくれることを、私は祈《いの》り、待《ま》ち続《つづ》けます。

人の毀誉褒貶《きよほうへん》に振《ふ》り回《まわ》される必要《ひつよう》などない。自分《じぶん》らしく、学会っ子らしく、創価の若人《わこうど》らしく、桜梅桃李《おうばいとうり》の使命《しめい》の道《みち》を朗《ほが》らかに、堂々《どうどう》と歩《あゆ》んでいけばいいのです。

開目抄《かいもくしょう》

御文

（全二三二ペ゛ー・新一一四ペ゛ー）

詮《せん》ずるところは天《てん》もすて給《たま》え諸難《しょなん》にもあえ身命《しんみょう》を期《ご》とせん（中略）種種《しゅじゅ》の大難《だいなん》・出来《しゅったい》すとも智者《ちしゃ》に我義《わがぎ》やぶられずば用《もち》いじとなり、其《そ》の外《ほか》の大難《だいなん》・風《かぜ》の前《まえ》の塵《ちり》なるべし、我日本《われにほん》の柱《はしら》とならむ我日本《われにほん》の眼目《がんもく》とならむ我日本《われにほん》の大船《たいせん》とならむ等《とう》とちかいし願《ねがい》やぶるべからず

現代語訳

結論《けつろん》として言《い》えば、諸天善神《しょてんぜんじん》も私を捨《す》てるがよい。さまざまな難《なん》に

もあおう。身命《しんみょう》をなげうつ覚悟《かくご》である。（中略）さまざまな大難《だいなん》が起《お》きても、智者《ちしゃ》によって私の教《おし》えが破《やぶ》られない限《かぎ》り、（誘惑《ゆうわく》や脅迫《きょうはく》などに）従《したが》わないというものである。そのほかの大難は風《かぜ》の前《まえ》の塵《ちり》なのである。「私は日本の柱《はしら》となろう。私は日本の眼目《がんもく》となろう。私は日本の大船《たいせん》となろう」と誓《ちか》った願《ねが》いは、決《けっ》して破《やぶ》ることはない。

誓願《せいがん》の心《こころ》が「負《ま》けじ魂《だましい》」の第二の要諦《ようてい》

私が三十二歳《さい》で第三代会長に就任《しゅうにん》した際《さい》、深《ふか》く拝《はい》した大誓願《だいせいがん》の御聖訓《ごせいくん》です。「負《ま》けじ魂《だましい》」にとって不可欠《ふかけつ》な姿勢《しせい》は、「誓《ちか》いを忘《わす》れない」「誓いを破《やぶ》らない」ということです。

誓《ちか》いを貫《つらぬ》き、何《なに》があっても、何度《なんど》でも挑戦《ちょうせん》し続《つづ》ける。これが「負《ま》けじ魂《だましい》」です。誓願《せいがん》の魂《たましい》こそ、日蓮仏法に脈打《みゃくう》つ「負けじ魂」の第二の要諦《ようてい》なのです。

「開目抄《かいもくしょう》」（注5）のこの御文《ごもん》で、大聖人は自《みずか》らの覚悟《かくご》の生《い》き方《かた》を通《とお》して、門《もん》下《か》の生命《せいめい》に巣《す》くう迷《まよ》いを打《う》ち破《やぶ》っています。

――末法万年尽未来際《まっぽうまんねんじんみらいさい》の広宣流布という「誓願《せいがん》」のゆえならば、諸天善神《しょてんぜんじん》が私を見捨《みす》ててもかまわない。いくら難《なん》に遭《あ》おうがかまわない。我《わ》が命《いのち》をなげうつ覚悟《かくご》は、もとよりできている――この「不退《ふたい》の心《こころ》」こそが、法華経の行者《ぎょうじゃ》の真髄《しんずい》であり、「負《ま》けじ魂《だましい》」です。

誓《ちか》いに立った時《とき》に仏の生命《せいめい》と一体《いったい》に

立宗以来《りっしゅういらい》、大聖人は、種々《しゅじゅ》の大難《だいなん》を勝《か》ち越《こ》え、竜《たつ》の口《くち》の法難《ほうなん》では発迹顕本《ほっしゃくけんぽん》（注6）を果《は》たされました。

「竜口《たつのくち》までもかちぬ、其《そ》の外《ほか》の大難《だいなん》をも脱《まぬか》れたり、今《いま》は魔王《まおう》もこりてや候《そうろ》うらん」（全八四三ページ・新一一七六ページ）と仰《おお》せの通《とお》りです。

身命《しんみょう》に及《およ》ぶ大難《だいなん》も、大聖人にとっては、風《かぜ》の前《まえ》の塵《ちり》です。いかなる魔王《まおう》も、大聖人の胸中《きょうちゅう》の誓願《せいがん》を破《やぶ》ることはできないからです。

その上で、「我日本《われにほん》の柱《はしら》とならむ」「我《われ》日本の眼目《がんもく》とならむ」「我《われ》日本の大船《たいせん》とならむ」との、御自身《ごじしん》の民衆救済《みんしゅうきゅうさい》の誓願《せいがん》を宣言《せんげん》されます。未来永劫《みらいえいごう》にわたる、広宣流布と万人成仏《ばんにんじょうぶつ》の大道《だいどう》を開《ひら》く大誓願です。

「ちかいし願《ねがい》やぶるべからず」とは、ひとたび誓《ちか》った願《ねが》いは、断《だん》じて破《やぶ》ることはないとの御断言《ごだんげん》です。私たちは、この仏《ほとけ》の誓いに連《つら》なり、不退転《ふたいてん》で生《い》き抜《ぬ》く時《とき》、仏の生命《せいめい》と一体《いったい》となるのです。無敵《むてき》の勇気《ゆうき》、無限《むげん》の智慧《ちえ》、無窮《むきゅう》の慈悲《じひ》、無辺《むへん》の力《ちから》が発揮《はっき》できるのです。

「不負魂《まけじだましい》の人《ひと》」四条金吾《しじょうきんご》

大聖人が「きわめて・不負魂《まけじだましい》の人《ひと》にて我《わ》がかたの事《こと》をば大事《だいじ》と申《もう》す人《ひと》なり」（全九八六ジペー・新一三〇九ジペー）と信頼《しんらい》を寄《よ》せられたのは、自《みずか》らが苦境《くきょう》にあっても、同志《どうし》を守《まも》り、広宣流布のリーダーとして戦《たたか》う四条金吾《しじょうきんご》でした。

同志《どうし》のため、妙法のために一歩《いっぽ》も退《しりぞ》かない――この不動《ふどう》の一念《いちねん》が金吾《きんご》には燃《も》え上《あ》がっていました。正義《せいぎ》の信仰《しんこう》ゆえに讒言《ざんげん》され、主君《しゅくん》から疎《うと》まれ、苦境《くきょう》に立たされても、大聖人の御指導《ごしどう》のまま、誠実《せいじつ》と忍耐《にんたい》で見事《みごと》に主君の信頼《しんらい》を勝《か》ち取《と》り、かつての三倍《ばい》の領地《りょうち》を賜《たまわ》り、爽快《そうかい》なる大勝利《だいしょうり》を収《おさ》めたのです。

広宣流布の戦《たたか》いと、自分自身《じぶんじしん》の人間革命、宿命転換《しゅくめいてんかん》は、決《けっ》して別々《べつべつ》のものではありません。むしろ、法《ほう》のため、同志《どうし》のため、広布のため、不退《ふたい》の誓願《せいがん》に生き切《き》る時《とき》、自分《じぶん》には思《おも》いもよらなかった、「負《ま》けじ魂《だましい》」が発揮《はっき》され、仏《ほとけ》の力《ちから》が涌現《ゆげん》するのです。

今再《いまふたた》び、常勝不敗《じょうしょうふはい》の原点《げんてん》を

〝負《ま》けたらあかん!〟――関西の不敗《ふはい》の原点《げんてん》が刻印《こくいん》されたのは、一九五七年(昭和三十二年)七月十七日の「大阪大会」でした。

不当逮捕《ふとうたいほ》から釈放《しゃくほう》された私は、中之島《なかのしま》の公会堂《こうかいどう》で、簡潔《かんけつ》に宣言《せんげん》しました。

「最後《さいご》は、信心しきったものが、御本尊様を受持《じゅじ》しきったものが、また、正しい仏法が、必《かなら》ず勝《か》つ！」

どんな大難《だいなん》があろうとも、絶対《ぜったい》に屈《くっ》しない。一切《いっさい》をはね返《かえ》し、新《あら》たな広宣流布の拡大《かくだい》と勝利《しょうり》の道《みち》を広々《ひろびろ》と開《ひら》く。これが創価の師弟《してい》の「負《ま》けじ魂《だましい》」です。

戸田先生は、和歌《わか》を贈《おく》ってくださいました。

「勝《か》ち負《ま》けは
　人《ひと》の生命《いのち》の
　　常《つね》なれど
最後《さいご》の勝《かち》をば
　仏《ほとけ》にぞ祈《いの》らむ」

「大阪大会」であいさつに立つ池田先生（１９５７年７月、大阪）

仏法は勝負《しょうぶ》である。なればこそ、仏法の師弟は最後《さいご》まで戦《たたか》い続《つづ》けねばならない。途中《とちゅう》の勝《か》ち負《ま》けはどうであれ、必《かなら》ず最後に勝てるのが法華経の兵法《へいほう》の極意《ごくい》です。

うれしいことに、この覚悟《かくご》を、関西青年部はじめ、世界《せかい》の青年たちが厳然《げんぜん》と受《う》け継《つ》いでくれている。今再《いまふたた》び、常勝不敗《じょうしょうふはい》の源流《げんりゅう》が世界中で築《きず》かれているのです。

「負《ま》けないという人生」に生きる

学会に障魔《しょうま》の嵐《あらし》が吹《ふ》き荒《あ》れていた一九七八年（昭和五十三年）十一月、私は未《み》来《らい》を担《にな》う鳳雛《ほうすう》たちに、こう呼《よ》びかけました。

「負《ま》けないという人生は、永久《えいきゅう》に勝《か》ちです。勝つことよりも負けないことのほうが、実《じつ》は偉大《いだい》な勝利《しょうり》なのです」

負《ま》けないとは、挑戦《ちょうせん》する勇気《ゆうき》です。

仮《かり》に何度《なんど》倒《たお》れようと、何度でも立ち上がり、一歩《いっぽ》でも、いや、半歩《はんぽ》でも前《まえ》に進《すす》んでいくのです。

大聖人は、「此法門《このほうもん》を日蓮《にちれん》申す故《ゆえ》に忠言耳《ちゅうげんみみ》に逆《さか》う道理《どうり》なるが故《ゆえ》に流罪《るざい》せられ命《いのち》にも及《およ》びしなり、然《しか》どもいまだこりず候《そうろう》」（全一〇五六ジペー・新一四三五ジペー）と仰《おお》せです。いかなる大難《だいなん》が競《きそ》い起《お》ころうとも、「いまだこりず候《そうろう》」です。この不《ふ》屈《くつ》の精神《せいしん》、即《そく》「負《ま》けじ魂《だましい》」こそ、日蓮仏法の骨髄《こつずい》なのです。

「よし、いまにみよ！」

第二次世界大戦《だいにじせかいたいせん》の時《とき》、学会は軍部政府《ぐんぶせいふ》から弾圧《だんあつ》されました。

牧口常三郎《つねさぶろう》先生の獄死《ごくし》を知《し》った時の真情《しんじょう》を、戸田先生は憤怒《ふんぬ》をもって語《かた》られていました。

「あれほど悲《かな》しいことは、私の一生涯《いっしょうがい》になかった。そのとき、私は『よし、いまにみよ！　先生が正しいか、正しくないか、証明《しょうめい》してやる。もし自分《じぶん》が別《べつ》名《めい》を使《つか》ったなら、巌窟王《がんくつおう》の名を使《つか》って、なにか大仕事《おおしごと》をして、先生にお返《かえ》ししよう』と決心《けっしん》した」と。

「巌窟王《がんくつおう》」とは、フランスの文豪《ぶんごう》デュマ（注7）の大河小説《たいがしょうせつ》『モンテ・クリスト伯《はく》』の黒岩涙香《くろいわるいこう》（注8）による邦訳名《ほうやくめい》です。

小説《しょうせつ》の末尾《まつび》の一節《いっせつ》に次《つぎ》のようにあります。

「待《ま》て、しかして希望《きぼう》せよ！」

真《しん》の忍耐《にんたい》を知《し》る人は、未来《みらい》を創《つく》る智慧《ちえ》と力《ちから》をもっています。地涌《じゆ》の菩薩《ぼさつ》は「大忍辱力《だいにんにくりき》」（法華経四五九ジペー）を持《も》つ希望《きぼう》の勇者《ゆうしゃ》です。大いなる目的《もくてき》のために、じっと耐《た》え忍《しの》ぶ力《ちから》を持《も》つ、悪世乱世《あくせらんせい》の弘通《ぐつう》の闘士《とうし》です。

勝利《しょうり》は地涌《じゆ》の底力《そこぢから》の証《あかし》です。したがって地涌《じゆ》の誓願《せいがん》に生《い》き抜《ぬ》く創価の師弟《してい》は、何《なに》ものにも負《ま》けない。敗《やぶ》れることはありません。

私たちは、久遠《くおん》の使命《しめい》を持《も》って、勝《か》つために生《う》まれてきたのです。ゆえに、勝利《しょうり》の実証《じっしょう》は絶対《ぜったい》に間違《まちが》いないのです。

広宣流布の使命《しめい》に生き抜《ぬ》く一生《いっしょう》に

戦後《せんご》の不況下《ふきょうか》で、戸田先生の事業《じぎょう》が苦境《くきょう》の渦中《かちゅう》に、私は日記《にっき》に綴《つづ》りました。

「社会《しゃかい》には、勝《か》つ人もいる。敗《やぶ》れる人もいる。運《うん》、不運《ふうん》は計《はか》りしれない。而《しか》れども、勝っても、永久《えいきゅう》にその歓《よろこ》びは続《つづ》くものではない。一時負《ま》けても、自覚《じかく》の有《あ》る人は、勝者以上《しょうしゃいじょう》に、より高《たか》く、広《ひろ》く、深《ふか》く、将来《しょうらい》の、偉大《いだい》さを、築《きず》きゆけるものだ。永久に、敗れざる限《かぎ》り、次《つぎ》への一歩《いっぽ》一歩の、勝利《しょうり》を確信《かくしん》して生きぬくことだ」（一九五〇年〈昭和二十五年〉十月四日）

今《いま》も、この信念《しんねん》は変《か》わりません。

「自覚《じかく》の有《あ》る人」とは、師弟《してい》の誓《ちか》い、弟子《でし》としての使命《しめい》を自覚した人のことです。

それは、自身《じしん》の生きる目的《もくてき》と、広宣流布の使命《しめい》が一致《いっち》した人のことです。

わが青年こそが民衆史《みんしゅうし》の主人公《しゅじんこう》

「負《ま》けじ魂《だましい》」とは、師弟《してい》の誓願《せいがん》と一体《いったい》です。

「負《ま》けじ魂《だましい》」とは、仏界《ぶっかい》の生命《せいめい》の異名《いみょう》です。

「負《ま》けじ魂《だましい》」とは、人間勝利《しょうり》の原動力《げんどうりょく》です。

学会に「負《ま》けじ魂《だましい》」が脈打《みゃくう》つ限《かぎ》り、末法万年尽未来際《まっぽうまんねんじんみらいさい》に不滅《ふめつ》の凱歌《がいか》の民衆史《みんしゅうし》を綴《つづ》り残《のこ》していくことができる。その永遠《えいえん》の叙事詩《じょじし》の主人公《しゅじんこう》は、若《わか》き後継《こうけい》の君《きみ》たちなのです。

明日の勝利《しょうり》は、わが「負《ま》けじ魂《だましい》」にあり。

さあ、師弟《してい》の大誓願《だいせいがん》に生きる誇《ほこ》りも高《たか》く、共々《ともども》に万年《まんねん》に輝《かがや》く栄光《えいこう》の歴史《れきし》を築《きず》き、残《のこ》そうではないか！

［注　解］

（注1）【『永遠《えいえん》の都《みやこ》』】イギリスの小説家《しょうせつか》ホール・ケイン（一八五三年〜一九三一年）の作《さく》。西暦《せいれき》一九〇〇年のローマを舞台《ぶたい》とし、人間共和《きょうわ》の理想《りそう》を目指《めざ》した壮大《そうだい》な革命劇《かくめいげき》が描《えが》かれている。引用は、『永遠の都（上）』新庄哲夫訳、潮出版社。

（注2）【「一生成仏抄《いっしょうじょうぶつしょう》」】建長《けんちょう》七年（一二五五年）の著作《ちょさく》とされる。南無妙法蓮華経の題目を唱《とな》えることが一生成仏の直道《じきどう》であることを強調《きょうちょう》されている。

（注3）【変毒為薬《へんどくいやく》】「毒を変じて薬《くすり》と為《な》す」と読《よ》み下《くだ》す。妙法の力《ちから》によって、煩悩《ぼんのう》・業《ごう》・苦《く》の三《さん》道《どう》に支配《しはい》された生命《せいめい》を、法身《ほっしん》・般若《はんにゃ》・解脱《げだつ》という仏《ほとけ》の三徳《さんとく》の生命《せいめい》へと転換《てんかん》することをいう。『大智度論《だいちどろん》』巻《かん》百に「大薬師《だいやくし》の能《よ》く毒を以《もっ》て薬と為すが如《ごと》し」とあり、天台大師《てんだいだいし》は『法《ほっ》華玄義《けげんぎ》』にこの文《もん》を引《ひ》いて、諸経《しょきょう》では永遠《えいえん》に不成仏《ふじょうぶつ》とされた二乗《にじょう》さえも、法華経の功力《くりき》で成仏《じょうぶつ》の記別《きべつ》を受《う》けたことを譬《たと》えている。

（注4）【「元品《がんぽん》の無明《むみょう》」】生命《せいめい》の根源的《こんげんてき》な無知《むち》。究極《きゅうきょく》の真実《しんじつ》を明《あ》かした妙法を信じられず理解できない癡《おろ》かさ。また、その無知《むち》から起《お》こる暗《くら》い衝動《しょうどう》。

（注5）【「開目抄《かいもくしょう》」】佐渡流罪中《さどるざいちゅう》、塚原《つかはら》で御述作《ごじゅっさく》になり、文永《ぶんえい》九年（一二七二年）二月、門下一同《もんかいちどう》

に与《あた》えられた書《しょ》。日蓮大聖人こそが末法《まっぽう》の主師親《しゅししん》三徳《さんとく》、すなわち御本仏《ごほんぶつ》であることが明《あ》かされている。

（注6）【発迹顕本《ほっしゃくけんぽん》】「迹《しゃく》を発《ひら》いて本《ほん》を顕《あらわ》す」と読《よ》み下《くだ》す。宿業《しゅくごう》や苦悩《くのう》を抱《かか》えた凡夫《ぼんぷ》という迹《しゃく》（仮《かり》の姿《すがた》）を開《ひら》いて、凡夫の身《み》に、生命《せいめい》にそなわる本源的《ほんげんてき》な、慈悲《じひ》と智慧《ちえ》にあふれる仏《ほとけ》の本来《ほんらい》の境地《きょうち》（本地《ほんち》）を顕《あらわ》すこと。大聖人は、文永《ぶんえい》八年（一二七一年）九月の竜《たつ》の口《くち》の法難《ほうなん》の折《おり》に、一個の生身《なまみ》の人間（凡夫）の上に生命に内在《ないざい》する最《もっと》も根源《こんげん》の仏《ほとけ》（久遠元初自受用報身《くおんがんじょじじゅゆうほうしん》如来《にょらい》）の境地《きょうち》を開《ひら》き顕《あらわ》された。

（注7）【デュマ】アレクサンドル・デュマ。一八〇二年〜七〇年。フランスの小説家。劇作家。戯曲《ぎきょく》『アンリ三世とその宮廷《きゅうてい》』で劇作家として名を馳《は》せ、小説家に転身《てんしん》。作品に『モンテ・クリスト伯《はく》』『三銃士《さんじゅうし》』『王妃《おうひ》マルゴ』など多数。引用は、『モンテ・クリスト伯』山内義雄訳、岩波文庫。

（注8）【黒岩涙香《くろいわるいこう》】一八六二年〜一九二〇年。小説家、翻訳者《ほんやくしゃ》、新聞記者。翻訳書は、他に『噫《ああ》無情《むじょう》』（ユゴー『レ・ミゼラブル』）など。

後継《こうけい》——誓願《せいがん》を持《たも》ち、貫《つらぬ》き、果《は》たし抜《ぬ》く一生を

〝私たちは、師匠《ししょう》のお心《こころ》のままに、断《だん》じて、広宣流布を成《な》し遂《と》げます。師よ。ご安心《あんしん》ください。心配《しんぱい》なさらないでください〟

——これは、法華経の嘱累品《ぞくるいほん》で、仏弟子《ぶつでし》たちが三度、師匠《ししょう》の前《まえ》で繰《く》り返《かえ》した、広宣流布の誓願《せいがん》です（注1）。

法華経、そして日蓮仏法の真髄《しんずい》は「師弟《してい》」の「誓願《せいがん》」にあります。

法華経は、末法《まっぽう》のための経典《きょうてん》です。

最《もっと》も苦悩《くのう》が充満《じゅうまん》する悪世《あくせ》の民衆《みんしゅう》を、誰《だれ》が救《すく》うのか。この主題《しゅだい》のもとに進《すす》めら

れる「虚空会《こくうえ》の儀式《ぎしき》」（注2）において、滅後悪世《めつごあくせ》の広宣流布が、上首《じょうしゅ》・上行《じょうぎょう》菩薩《ぼさつ》をはじめとする「地涌《じゆ》の菩薩」に託《たく》されます。

「3・16」は広布の誓《ちか》いの儀式《ぎしき》

そこには、師弟《してい》の荘厳《そうごん》な付嘱《ふぞく》の儀式《ぎしき》、すなわち、生命《せいめい》から生命への厳粛《げんしゅく》な継《けい》承《しょう》が説《と》かれています。

一切《いっさい》の付嘱《ふぞく》が終《お》わった後《のち》に、弟子《でし》たちが述《の》べた誓《ちか》いの言葉《ことば》が、冒頭《ぼうとう》に掲《かか》げた一節《いっせつ》です。

そして、この師子吼《ししく》を、日蓮大聖人直結《ちょっけつ》の信心と実践《じっせん》で現代《げんだい》に轟《とどろ》かせてきたのが、我《われ》ら創価三代の師弟《してい》であり、学会員です。

恩師《おんし》・戸田城聖先生が最晩年《さいばんねん》、後継《こうけい》の私たち青年部に広宣流布を託《たく》された誓《ちか》いの儀式《ぎしき》が、あの「3・16」の記念式典《きねんしきてん》です。まさに法華経に説《と》かれる「付《ふ》嘱《ぞく》」に通《つう》ずる意義《いぎ》があると、私は心《こころ》に深《ふか》く期《き》してきました。

わが地域《ちいき》を断《だん》じて仏国土《ぶっこくど》に！

六十年を経《へ》た今、いずこの国《くに》においても妙法を持《たも》った若人《わこうど》が、「わが国の広宣流布は、青年部にお任《まか》せください！」「断《だん》じて、わが地域《ちいき》を仏国土《ぶっこくど》にいたします！」との誓《ちか》いに燃《も》えて、尊《とうと》き世界《せかい》広布の大道《だいどう》を邁進《まいしん》してくれています。この姿自体《すがたじたい》が法華経の経文《きょうもん》に通《つう》じる誓願《せいがん》の証《あかし》であり、後継《こうけい》の誉《ほま》れです。

ここでは「後継《こうけい》」をテーマに、創価学会の魂《たましい》の継承者《けいしょうしゃ》たる青年の皆《みな》さんと共《とも》に、民衆《みんしゅう》仏法を弘《ひろ》める上での根本精神《こんぽんせいしん》について、御書を拝《はい》して確認《かくにん》していきたい。

阿《あ》仏《ぶつ》房《ぼう》尼《あま》御《ご》前《ぜん》御《ご》返《へん》事《じ》

御文

（全一三〇八ページ・新一七三〇ページ）

弥信心《いよいよしんじん》をはげみ給《たも》うべし、仏法《ぶっぽう》の道理《どうり》を人《ひと》に語《かた》らむ者《もの》をば男女僧尼《なんにょそうに》必《かなら》ずにくむべし、よしにくま《憎》ばにくめ法華経《ほけきょう》・釈迦《しゃか》仏《ぶつ》・天台《てんだい》・妙楽《みょうらく》・伝教《でんぎょう》・章安《しょうあん》等の金言《きんげん》に身《み》をまかすべし、如《によ》説修行《せつしゅぎょう》の人《ひと》とは是《こ》れなり

現代語訳

ますます信心に励《はげ》んでいきなさい。仏法の道理《どうり》を人に語《かた》っていく者《もの》を、男女僧尼《そうに》が必《かなら》ず憎《にく》むにちがいない。よし、憎むなら憎むがよい。

法華経・釈迦仏《しゃかぶつ》・天台《てんだい》・妙楽《みょうらく》・伝教《でんぎょう》・章安《しょうあん》などの金言《きんげん》に身《み》を任《まか》せなさい。如説修行《にょせつしゅぎょう》の人とは、こういう人をいうのである。

「一凶《いっきょう》」である無明《むみょう》と戦《たたか》う

民衆《みんしゅう》仏法の後継《こうけい》とは、第一《だいいち》に、折伏精神《しゃくぶくせいしん》の継承《けいしょう》です。それは、人間に不幸《ふこう》をもたらす「一凶《いっきょう》」である「元品《がんぽん》の無明《むみょう》」との戦《たたか》いを誓《ちか》うことにほかなりません。

最初《さいしょ》に、牧口常三郎《つねさぶろう》先生も線《せん》を引《ひ》かれ大切《たいせつ》にされていた「阿仏房尼御前御返事《あぶつぼうあまごぜんごへんじ》」（注3）の一節《いっせつ》を拝《はい》します。大聖人が身延《みのぶ》の地《ち》から、佐渡《さど》の門下《もんか》である千日尼《せんにちあま》、すなわち阿仏房の夫人《ふじん》に送《おく》られたお手紙《てがみ》です。

大聖人は、千日尼《せんにちあま》の求道《きゅうどう》の心《こころ》を最大《さいだい》に賞讃《しょうさん》され、法華経は一切衆生《いっさいしゅじょう》を仏にする教《おし》えであり、信心があれば、必《かなら》ず成仏《じょうぶつ》できることを教《おし》えられています。そして、いよいよ強盛《ごうじょう》な信心を奮《ふる》い起《お》こすよう励《はげ》まされるとともに、人々から憎《にく》まれたとしても、仏法を語《かた》り抜《ぬ》いていくよう示《しめ》されているのです。

大聖人門下《もんか》こそ「如説修行《にょせつしゅぎょう》の行者《ぎょうじゃ》」

科学等《かがくとう》でも、それまでの定説《ていせつ》を転換《てんかん》するような原理《げんり》を説《と》けば、批判《ひはん》や抵抗《ていこう》を受《う》けます。ましてや、人間の根源悪《こんげんあく》の克服《こくふく》をもたらす仏法を弘《ひろ》めていけば、障《しょう》魔《ま》が競《きそ》い起《お》こることは必然《ひつぜん》です。仏法の道理《どうり》が正しいからこそ、反発《はんぱつ》や非難《ひなん》を避《さ》けることはできない。無明《むみょう》に支配《しはい》された生命《せいめい》は、正法《しょうほう》を嫌《きら》うからです。阿仏房《あぶつぼう》と千日尼《せんにちあま》の夫妻《ふさい》も妙法を語《かた》ることで、念仏《ねんぶつ》をはじめとする法華経誹謗《ひぼう》の勢力《せいりょく》から猛反発《もうはんぱつ》を受《う》けたことは想像《そうぞう》に難《かた》くありません。

しかし、それでもいよいよ恐《おそ》れなく信心に励《はげ》んでいく人こそが「如説修行《にょせつしゅぎょう》の人《ひと》」であると、激励《げきれい》なされています。

「如説修行《にょせつしゅぎょう》」とは法華経の文《もん》であり、「仏《ほとけ》の説《せつ》の如《ごと》く修行する」、すなわち、仏の説《と》かれた通《とお》りに実践《じっせん》するとの意味《いみ》です。

「如説修行抄《にょせつしゅぎょうしょう》」には、「釈尊御入滅《しゃくそんごにゅうめつ》の後《のち》二千余年《にせんよねん》が間《あいだ》に如説修行《にょせつしゅぎょう》の行者《ぎょうじゃ》は釈《しゃく》尊《そん》・天台《てんだい》・伝教《でんぎょう》の三人《さんにん》は・さてをき候《そうらい》ぬ、末法《まっぽう》に入《い》っては日蓮並《にちれんなら》びに弟子檀那《でしだんな》等是《とうこれ》なり」（全五〇四ページ・新六〇四ページ）とも仰《おお》せです。折伏行《しゃくぶくぎょう》を貫《つらぬ》いている大聖人とその門下《もんか》こそが、末法《まっぽう》における「如説修行《にょせつしゅぎょう》の行《ぎょう》者《じゃ》」にほかならないと断言《だんげん》されているのです。

人間讃歌《さんか》の輝《かがや》きの世界《せかい》を

万人平等《ばんにんびょうどう》の尊極《そんごく》な生命《せいめい》を開《ひら》く法華経は、「民衆凱歌《みんしゅうがいか》」の経典《きょうてん》です。
あらゆる差異《さい》を超《こ》えて、人間の尊厳《そんげん》と社会《しゃかい》の調和《ちょうわ》をもたらす「人類共生《じんるいきょうせい》」の経典《きょうてん》です。
現実《げんじつ》の娑婆世界《しゃばせかい》を寂光土《じゃっこうど》へと変革《へんかく》する立正安国《りっしょうあんこく》を謳《うた》い上《あ》げる「永遠平和《えいえんへいわ》」の経典《きょうてん》です。

ゆえに、一人ひとりの生命《せいめい》の宝塔《ほうとう》を打《う》ち立《た》て、善《ぜん》の連帯《れんたい》を広《ひろ》げ、人間讃歌《さんか》の輝《かが》きの世界《せかい》を構築《こうちく》していくところに、経文通《きょうもんどお》りの真実《しんじつ》の「如説修行《にょせつしゅぎょう》」の後継《こうけい》があります。

久遠《くおん》からの誓《ちか》いを果《は》たす

現代《げんだい》において、大聖人の仰《おお》せ通《どお》りに妙法を弘通《ぐつう》している「如説修行《にょせつしゅぎょう》の行者《ぎょうじゃ》」の団体《だんたい》は、創価学会以外《いがい》にありません。

戸田先生は、戦時下《せんじか》の獄中闘争《ごくちゅうとうそう》で、「我《われ》、地涌《じゆ》の菩薩《ぼさつ》なり」と覚知《かくち》されました。そして、自《みずか》ら「折伏《しゃくぶく》の師匠《ししょう》」となって、地涌の菩薩を一人また一人と、呼《よ》び出《だ》されたのです。

今《いま》、世界中《せかいじゅう》に、地涌《じゆ》の自覚《じかく》に立った同志《どうし》が誕生《たんじょう》しました。経文通《きょうもんどお》りの如説修《にょせつしゅ》行《ぎょう》の実践《じっせん》によって、法華経の地涌涌出《じゆゆじゅつ》の儀式《ぎしき》を創価学会が現実《げんじつ》のものとしたのです。

「折伏力《しゃくぶくりょく》」「人間力《にんげんりょく》」をもった青年部たれ!

私たち学会員が行《おこな》う折伏《しゃくぶく》とは、一人の友《とも》と一緒《いっしょ》に人間革命していく聖業《せいぎょう》です。それは、人間の可能性《かのうせい》を信《しん》じ抜《ぬ》く「励《はげ》ましの対話《たいわ》」です。そして、真《しん》の楽《らく》土《ど》の建設《けんせつ》のため、生命尊厳《せいめいそんげん》の思想《しそう》を広《ひろ》げる運動《うんどう》です。

今《いま》、全世界《ぜんせかい》に拡大《かくだい》したSGI(創価学会インタナショナル)のスクラムも、その源流《げんりゅう》をたどれば、偏見《へんけん》や悪口罵詈《あっくめり》にも負《ま》けない、無名《むめい》の庶民《しょみん》の粘《ねば》り強《づよ》い対話《たいわ》によって創《つく》り上《あ》げられてきたものです。

「よしにくまばにくめ」との決定《けつじょう》した大精神《だいせいしん》で、信念《しんねん》の対話《たいわ》に挑《いど》む――この「折伏力《しゃくぶくりょく》」「人間力《にんげんりょく》」を、青年の皆《みな》さんは継承《けいしょう》してもらいたい。

折伏精神《しゃくぶくせいしん》の根本《こんぽん》は、民衆救済《みんしゅうきゅうさい》の慈悲《じひ》です。それは、眼前《がんぜん》の一人の宿命《しゅくめい》の鉄鎖《てっさ》を断《た》ち切《き》らんとする、わが勇気《ゆうき》の心《こころ》から起《お》こるものです。

大事《だいじ》なことは、まず「悩《なや》んでいる人を折伏《しゃくぶく》させてください」と祈《いの》り抜《ぬ》くことです。そして、自身《じしん》が縁《えん》する人々に、勇敢《ゆうかん》に誠実《せいじつ》に仏法を語《かた》り切《き》っていくことです。

最後《さいご》は「よかりけり」と賞讃《しょうさん》へ

戸田先生は折伏《しゃくぶく》の要諦《ようてい》について、「自分自身《じぶんじしん》が南無妙法蓮華経で生きているということです」「ただただ、自分《じぶん》は南無妙法蓮華経以外《いがい》になにもない！　と決《き》めることを末法《まっぽう》の折伏というのです」と語《かた》られていました。

このご指導《しどう》のままに、私も若《わか》き日から折伏《しゃくぶく》に挑戦《ちょうせん》し抜《ぬ》いてきました。それが、自分自身《じぶんじしん》の揺《ゆ》るぎない信心の土台《どだい》となりました。

故郷《こきょう》・大田区の大森にある「青葉荘《あおばそう》」に住《す》んだ時代《じだい》は、戸田先生の事業《じぎょう》が大変《たいへん》だった時と重《かさ》なり、朝早《あさはや》く出勤《しゅっきん》し、帰宅《きたく》は深夜《しんや》でした。そのなかでも私は爽《さわ》やかな挨拶《あいさつ》を心掛《こころが》けました。皆《みな》、縁《えにし》ある人々だと思《おも》い、友好《ゆうこう》を結《むす》び、親交《しんこう》を深《ふか》めました。

私の部屋《へや》で座談会《ざだんかい》を開《ひら》いた時《とき》は、アパートや近隣《きんりん》の方々《かたがた》も招《まね》きました。当時《とうじ》、入会《にゅうかい》されたご家族《かぞく》の功徳《くどく》に満《み》ちた近況《きんきょう》も何《なに》よりうれしく伺《うかが》っています。折伏《しゃくぶく》の体験《たいけん》は、「今生人界《こんじょうにんかい》の思出《おもいで》」（全四六七㌻・新五一九㌻）です。永遠《えいえん》に壊《こわ》れない「心《こころ》の財《たから》」となるのです。

たとえ相手《あいて》がすぐに信心しなくても、この末法《まっぽう》で妙法を語《かた》った功徳《くどく》は計《はか》り知《し》れません。また、その相手《あいて》を思《おも》う一念《いちねん》の行動《こうどう》から、深《ふか》い生命の絆《きずな》が結《むす》ばれます。どこまでも朗《ほが》らかに仏縁《ぶつえん》を広《ひろ》げていく――この積《つ》み重《かさ》ねの中でこそ、真《しん》の友情《ゆうじょう》が築《きず》かれるのです。

そして必《かなら》ず最後《さいご》は、賞讃《しょうさん》と感謝《かんしゃ》へと変《か》わり、「よかりけり《吉》・よかりけり」（全一一七三㌻・新一五九六㌻）と謳《うた》われていくのです。

生死一大事血脈抄《しょうじいちだいじけつみゃくしょう》

御文

(全一三三八ジペー・新一七七七ジペー)

相構《あいかま》え相構《あいかま》えて強盛《ごうじょう》の大信力《だいしんりき》を致《いた》して南無妙法蓮華経・臨終正念《りんじゅうしょうねん》と祈念《きねん》し給《たま》へ、生死一大事《しょうじいちだいじ》の血脈此《けつみゃくこ》れより外《ほか》に全《まった》く求《もと》むることなかれ、煩悩即菩提《ぼんのうそくぼだい》・生死即涅槃《しょうじそくねはん》とは是《これ》なり、信心《しんじん》の血脈《けつみゃく》なくんば法華経《ほけきょう》を持《たも》つとも無益《むやく》なり

現代語訳

よくよく心《こころ》して強盛《ごうじょう》の大信力《だいしんりき》を起《お》こして、南無妙法蓮華経、臨終正《りんじゅうしょう》念《ねん》と祈念《きねん》しなさい。生死一大事《しょうじいちだいじ》の血脈《けつみゃく》を、これよりほかに決《けっ》して求《もと》め

てはならない。煩悩即菩提《ぼんのうそくぼだい》・生死即涅槃《しょうじそくねはん》とは、このことである。信心の血脈がなければ、法華経を持《たも》っても無益《むやく》である。

創価学会を断《だん》じて守《まも》る勇者《ゆうしゃ》に

続《つづ》いて、「生死一大事血脈抄《しょうじいちだいじけつみゃくしょう》」（注４）を拝《はい》したい。広布後継《こうけい》の第二点として、日蓮仏法の「信心の血脈」を受《う》け継《つ》いでいる創価学会を断《だん》じて守《まも》る勇者《ゆうしゃ》に、と申《もう》し上《あ》げたいのです。

本抄《ほんしょう》には、生死一大事《しょうじいちだいじ》の血脈《けつみゃく》を受《う》け継《つ》ぐ「正しき信心の要諦《ようてい》」が示《しめ》されています。

御文では、強盛《ごうじょう》な大信力《だいしんりき》の祈《いの》りによって得《え》られる境涯《きょうがい》こそ、「煩悩即菩提《ぼんのうそくぼだい》・生死即涅槃《しょうじそくねはん》」であると仰《おお》せです。

「煩悩即菩提《ぼんのうそくぼだい》」とは、煩悩に翻弄《ほんろう》されている衆生《しゅじょう》の生命《せいめい》に、仏《ほとけ》の覚《さと》りの智慧《ちえ》

（菩提）が現《あらわ》れることです。「生死即涅槃《しょうじそくねはん》」とは、生死の苦《くる》しみに流《なが》されている衆生の身《み》に、仏《ほとけ》が成就《じょうじゅ》した真《しん》の安楽《あんらく》の境地《きょうち》（涅槃）が顕現《けんげん》することを意味《いみ》します。

妙法の偉大《いだい》な功力《くりき》で煩悩《ぼんのう》を菩提《ぼだい》へ

「即《そく》の一字《いちじ》は南無妙法蓮華経なり」（全七三二ページ・新一〇二一ページ）と仰《おお》せのように、妙法の偉大《いだい》な功力《くりき》によって、一切《いっさい》を善《ぜん》の方向《ほうこう》へ転換《てんかん》できるのです。

この「煩悩即菩提《ぼんのうそくぼだい》・生死即涅槃《しょうじそくねはん》」とは「即身成仏《そくしんじょうぶつ》」のことであり、「一生成仏《いっしょうじょうぶつ》」とも言《い》えます。

ですから、「その身《み》のままで輝《かがや》いていける」、とともに「自分《じぶん》は変《か》わることができる」「人も変えていける」、そして「皆《みな》が偉大《いだい》な仏《ほとけ》となれる」という、希望《きぼう》の原理《げんり》を示《しめ》しています。

国内外《こくないがい》を問《と》わず、現代《げんだい》の多《おお》くの青年たちが直面《ちょくめん》している悩《なや》みは、目《め》まぐるしく変化《へんか》していく社会《しゃかい》の中で「自分《じぶん》の居場所《いばしょ》が見いだせない」という点《てん》であると指摘《してき》されています。

それは、生きる希望《きぼう》を見いだしにくくなっていることでもあるでしょう。そうした中で、無限《むげん》の希望のメッセージを力強《ちからづよ》く発信《はっしん》できるのが、わが創価の青年です。

苦悩《くのう》が自分自身《じぶんじしん》を輝《かがや》かせる宝珠《ほうしゅ》に

その根拠《こんきょ》は、自身《じしん》の内《うち》なる世界《せかい》には、大海《たいかい》よりも、大空よりもはるかに大きく、宇宙大《うちゅうだい》の生命《せいめい》が厳然《げんぜん》と存在《そんざい》しているからです。そして、妙法による一念《いちねん》の変革《へんかく》は、必《かなら》ず自身《じしん》の人生《じんせい》と環境《かんきょう》の変革をも可能《かのう》としていくことを説《と》き明《あ》かしたのが、一念三千《いちねんさんぜん》の法理《ほうり》です。

依正《えしょう》も色心《しきしん》も、大空も大地《だいち》も、いずれも除《のぞ》かず、塵《ちり》も残《のこ》らず皆《みな》、わが一念《いちねん》に収《おさ》めて、今度《こんど》は、わが一念の心《こころ》が法界《ほうかい》に遍満《へんまん》するのです（全三八三ジペー・新三一六ジペ、趣意）。それゆえに地涌《じゆ》の生命《せいめい》は、一切《いっさい》を包《つつ》みこみ、自《みずか》らの立つ大地《だいち》それ自体《じたい》を宝土《ほうど》へと変《か》えゆく力《ちから》を持《も》つのです。

この希望《きぼう》の哲理《てつり》に照《て》らせば、あらゆる苦悩《くのう》が自分自身《じぶんじしん》を鍛《きた》え、磨《みが》き、輝《かがや》かせる宝珠《ほうしゅ》となります。

悩《なや》みが深《ふか》ければ深《ふか》いほど、真剣《しんけん》な挑戦《ちょうせん》によって、自身《じしん》の生命《せいめい》に内在《ないざい》する可能《かのう》性《せい》を大きく発揮《はっき》することができるのです。そのための「信心」です。

大聖人は「信心の血脈《けつみゃく》がなければ、法華経を持《たも》っても無益《むやく》である」と結論《けつろん》されています。大事《だいじ》なのは「信心の血脈」です。それは、大聖人が示《しめ》された通《とお》りの正しい信心と実践《じっせん》を貫《つらぬ》くところにこそ、脈動《みゃくどう》するのです。

本抄《ほんしょう》で「日本国《にほんこく》の一切衆生《いっさいしゅじょう》に法華経を信《しん》ぜしめて仏《ほとけ》に成《な》る血脈《けつみゃく》を継《つ》がしめん」（全一三三七ジペ・新一七七六ジペ）と仰《おお》せのように、血脈とは万人《ばんにん》に開《ひら》かれたものであり、本来《ほんらい》、「血脈」と「信心」は同義《どうぎ》です。大聖人の御精神《ごせいしん》に違背《いはい》しているところには「信心の血脈」は存在《そんざい》しません。

広宣流布の「信心」と「実践《じっせん》」がなければ「血脈《けつみゃく》」もなく、「成仏《じょうぶつ》」もないのです。

この根本《こんぽん》の信心を、身《み》をもって示《しめ》すのが、仏法の師匠《ししょう》です。だからこそ、「信心の血脈《けつみゃく》」を受《う》け継《つ》ぐ上で何《なに》より重要《じゅうよう》なのは、「師匠」の存在《そんざい》なのです。

「広宣流布に戦《たたか》う以外《いがい》に信心はない」

恩師《おんし》・戸田先生は語《かた》られました。

「広宣流布に戦《たたか》う以外《いがい》に信心はない。こう覚悟《かくご》することだ」

「信心の血脈《けつみゃく》」は、広宣流布の祈《いの》りと拡大《かくだい》なくしては、ありえません。

この「信心の血脈《けつみゃく》」を身命《しんみょう》を惜《お》しまず受《う》け継《つ》いできたのが、創価の師弟《してい》です。したがって、師弟不二《ふに》と異体同心《いたいどうしん》の創価の信心に徹《てっ》していく限《かぎ》り、地涌《じゆ》の使命《しめい》の人材《じんざい》は澎湃《ほうはい》と涌現《ゆげん》するのです。

この清浄無比《しょうじょうむひ》なる創価の世界《せかい》、学会の組織《そしき》をどこまでも守《まも》り抜《ぬ》いていっていただきたい。徹《てっ》して同志を大切《たいせつ》にしていただきたい。

最《もっと》も地道《じみち》な実践《じっせん》こそが広布後継《こうけい》の正しい道《みち》です。その青年の先駆《せんく》の行動《こうどう》こそが、世界《せかい》広宣流布という希望《きぼう》のフロンティアを開拓《かいたく》していくのです。

青年の可能性《かのうせい》を開発《かいはつ》させる直道《じきどう》

創価の青年に対《たい》する期待《きたい》は、今《いま》や世界規模《せかいきぼ》で広《ひろ》がっています。

インドの人権《じんけん》の闘士《とうし》であるラダクリシュナン博士（注5）は語《かた》られました。

「『青年に何《なん》の役割《やくわり》も与《あた》えない』世界《せかい》にあって、ＳＧＩには、すばらしい青年の成長《せいちょう》の場《ば》がある。自己変革《じこへんかく》の場《ば》がある。『新《あたら》しい価値《かち》を創造《そうぞう》する運動《うんどう》』とは、まさしく『生命《せいめい》を変革《へんかく》する戦《たたか》い』なのです」と。

また、アメリカ実践哲学協会《じっせんてつがくきょうかい》のマリノフ会長（注6）も、学会青年部の活動《かつどう》に深《ふか》い理解《りかい》を示《しめ》されました。

「ＳＧＩの青年たちは本当《ほんとう》にバイタリティーに富《と》んでいます。その特質《とくしつ》は

世界の青年に限りない期待を寄せる（2002年9月、東京）

〝若《わか》き情熱《じょうねつ》〟と〝成熟《せいじゅく》した精神《せいしん》〟を兼《か》ね備《そな》えているところにあります。青年たちが、こうした資質《ししつ》を備《そな》えることができたのは、ひとえに仏法の実践《じっせん》にあると考《かんが》えます。青年たちの可能性《かのうせい》を開発《かいはつ》させゆく直道《じきどう》は仏法にあります」

一人ひとりの誓《ちか》いで広布は発展《はってん》

戸田先生は常々《つねづね》、「次《つぎ》の時代《じだい》は、君《きみ》ら青年がやる以外《いがい》にないのだから、しっかり頼《たの》むぞ！」と語《かた》られていました。

今《いま》、私も全《まった》く同《おな》じ気持《きも》ちです。

広布後継《こうけい》の青年部が、誓願《せいがん》を持《たも》ち、貫《つらぬ》き、果《は》たし抜《ぬ》けば、学会は永遠《えいえん》に勝《か》ち栄《さか》えます。世界《せかい》広布の大発展《だいはってん》の大事《だいじ》な時《とき》に集《つど》い合《あ》った地涌《じゆ》の本命《ほんめい》の青年こそ、皆《みな》さんなのです。

信頼《しんらい》できる人間の〝絆《きずな》〟で仲良《なかよ》く

「信心の血脈《けつみゃく》」を受《う》け継《つ》ぐ「後継《こうけい》」の道《みち》とは、「創価の人間主義《しゅぎ》」を受《う》け継《つ》ぎ、流布することです。

不滅《ふめつ》の儀式《ぎしき》であった「3・16」を終《お》えられた戸田先生は語《かた》られました。

「たえず、前《まえ》へ進《すす》むことだ。追撃《ついげき》の手を緩《ゆる》めてはいけない。学会は幾《いく》百千年を生きぬいていきなさい」

そして「学会は、本当《ほんとう》に信頼《しんらい》できる人間の〝絆《きずな》〟で、どこまでも仲良《なかよ》く進《すす》んでいってほしい」と。

以来《いらい》、その通《とお》りに異体同心《いたいどうしん》の団結《だんけつ》によって、学会は三類《さんるい》の強敵《ごうてき》を打《う》ち破《やぶ》り、勝《か》ち進《すす》んできました。邪宗門《じゃしゅうもん》の迫害《はくがい》も乗《の》り越《こ》え、堂々《どうどう》たる創価のルネサンスの勝《か》ち鬨《どき》をあげて、人間主義《しゅぎ》の哲理《てつり》が輝《かがや》く世界《せかい》広布の盤石《ばんじゃく》な土台《どだい》を築《きず》き上《あ》げました。

「生命《せいめい》の世紀《せいき》」を築《きず》く旗手《きしゅ》たれ

今《いま》ここで、二〇〇一年から始《はじ》まった、第二の「七つの鐘《かね》」（注7）の長征《ちょうせい》を、信頼《しんらい》してやまない青年に託《たく》したい。それは同時《どうじ》に、東洋《とうよう》をはじめ全世界《ぜんせかい》の平和《へいわ》の基盤《きばん》を創《つく》り上げる、人類待望《じんるいたいぼう》の新《あら》たな挑戦《ちょうせん》です。

そして、諸君《しょくん》たちの手によって二〇五〇年に第二の「七つの鐘《かね》」を鳴《な》らし終《お》えた後《あと》は、二十一世紀《せいき》の後半《こうはん》、第三の「七つの鐘」を、今《いま》の未来部をはじめ、次《つぎ》の後継《こうけい》の世代《せだい》たちが高《たか》らかに打《う》ち鳴《な》らしてくれることは、断《だん》じて間違《まちが》いありません。

「生命尊厳《せいめいそんげん》の世紀《せいき》」を開《ひら》く、崇高《すうこう》な使命《しめい》を担《にな》う君《きみ》たちよ！　不思議《ふしぎ》なる時《とき》に

誓《ちか》い願《ねが》って躍《おど》り出た、世界《せかい》の若《わか》き地涌《じゆ》の勇者《ゆうしゃ》たちよ！

創価の未来《みらい》を断固《だんこ》と頼《たの》みます！

［注　解］

（注1）法華経嘱累品《ぞくるいほん》第二十二の「世尊《せそん》の勅《みことのり》の如《ごと》く、当《まさ》に具《つぶ》さに奉行《ぶぎょう》すべし。唯然《ただしか》なり。世尊《せそん》よ。願《ねが》わくは慮《うらおも》いしたまうこと有《あ》らざれ……」（法華経五七九ページ、五八〇ページ）の趣意《しゅい》。

（注2）【「虚空会《こくうえ》の儀式《ぎしき》」】虚空会で行われた付嘱《ふぞく》の儀式のこと。法華経の見宝塔品《けんほうとうほん》第十一から嘱《ぞく》累品《るいほん》第二十二までの説法《せっぽう》の会座《えざ》は、仏と全聴衆《ぜんちょうしゅう》が虚空のなかで行《おこな》われたので「虚空会」という。見宝塔品第十一で宝塔が出現《しゅつげん》した後《あと》、従地涌出品《じゅうじゆじゅっぽん》第十五で地涌《じゆ》の菩薩《ぼさつ》が大地《だいち》の底《そこ》から召《め》し出《いだ》され、如来神力品《にょらいじんりきほん》第二十一で上首《じょうしゅ》・上行菩薩《じょうぎょうぼさつ》をはじめとする地涌の菩薩に、滅後《めつご》の弘教《ぐきょう》が付嘱された。

（注3）【「阿仏房尼御前御返事《あぶつぼうあまごぜんごへんじ》」】千日尼《せんにちあま》に送《おく》られた御消息《ごしょうそく》。謗法《ほうぼう》の罪報《ざいほう》についての千日尼からの質問《しつもん》に対して、法華経を持《たも》ち実践《じっせん》している者が罪《つみ》を受けることはないと答えられている。そして謗法を攻《せ》めていく折伏《しゃくぶく》には、必ず功徳《くどく》があることを教《おし》え、尼御前の信心と求道心《きゅうどうしん》を讃《たた》えられている。

（注4）【「生死一大事血脈抄《しょうじいちだいじけつみゃくしょう》」】文永《ぶんえい》九年（一二七二年）、佐渡《さど》・塚原《つかはら》で認《したた》められ、同《おな》じく佐渡に流罪中《るざいちゅう》の最蓮房《さいれんぼう》に与《あた》えられたとされる。生死一大事血脈という成仏《じょうぶつ》の要諦《ようてい》に関《かん》する法門《ほうもん》に

ついて、最蓮房の質問《しつもん》に答《こた》えられた書《しょ》。

（注5）【ラダクリシュナン博士】ニーラカンタ・ラダクリシュナン。一九四四年～。インド・ケララ州《しゅう》生まれ。アンナマライ大学で博士号を取得《しゅとく》。ガンジーの研究《けんきゅう》を通《つう》じて平和運動《へいわうんどう》に携《たずさ》わる。一九九〇年～二〇〇一年、国立ガンジー記念館館長《きねんかんかんちょう》を務《つと》める。著書《ちょしょ》に『池田大作偉大《いだい》なる魂《たましい》』『ガンジー・キング・イケダ――非暴力《ひぼうりょく》と対話《たいわ》の系譜《けいふ》』などがある。

（注6）【マリノフ会長】ルー・マリノフ。一九五一年～。アメリカの哲学者《てつがくしゃ》。哲学カウンセリングのパイオニアとして有名《ゆうめい》。アメリカ哲学カウンセリング協会《きょうかい》会長、アメリカ実践《じっせん》哲学協会会長などを務《つと》める。

（注7）【「七つの鐘《かね》」】一九五八年（昭和三十三年）五月三日の本部総会《ほんぶそうかい》で、池田先生が発表《はっぴょう》した広宣流布の歩《あゆ》みと構想《こうそう》のこと。学会は創立《そうりつ》（一九三〇年）以来《いらい》、七年ごとに〝節《ふし》〟を刻《きざ》み、発展《はってん》してきたことから、七年を「一つの鐘」の期間《きかん》とし、七つの鐘が鳴《な》り終《お》わる七九年（昭和五十四年）までの前進《ぜんしん》の展望《てんぼう》を示《しめ》した。そして、二〇〇一年から第二の「七つの鐘」がスタートしている。また、二十一世紀《せいき》の後半《こうはん》には、第三の「七つの鐘」が始《はじ》まるなどの未《み》来展望《らいてんぼう》も示《しめ》されている。

人間学——報恩《ほうおん》の振《ふ》る舞《ま》いに仏法の真髄《しんずい》

「先生の残《のこ》せる、分身《ぶんしん》の生命《せいめい》は、第《だい》二部《ぶ》の、広宣流布の決戦《けっせん》の幕《まく》を、いよいよ開《ひら》くのだ。われは立つ」

六十年前《ねんまえ》の一九五八年（昭和三十三年）四月二日。私が日記《にっき》に書《か》き留《と》めた言葉《ことば》です。

さらに四月十日に行《おこな》われた男子部幹部会で、私は語《かた》りました。

「『戸田先生が育成《いくせい》された、これだけの青年部の姿《すがた》を見たまえ！　これほど立派《りっぱ》に前進《ぜんしん》していく学会の姿を見たまえ！』と、社会《しゃかい》を驚《おどろ》かせてみようではないか」

今こそ、広布勝利《しょうり》の決定打《けっていだ》を！

青年が動《うご》き、叫《さけ》べば、新時代《しんじだい》の突破口《とっぱこう》が切《き》り開《ひら》かれる。

青年が成長《せいちょう》し、躍動《やくどう》すれば、支部や地区に歓喜《かんき》の波動《はどう》が湧《わ》き起《お》こる。

青年こそが、広布の勝利《しょうり》の決定打《けっていだ》を放《はな》っていくのです。

永遠《えいえん》に「青年創価学会」であり、「世界青年学会」です。この青年学会の先頭《せんとう》に立ち、ただひたすらに報恩《ほうおん》の誠《まこと》を貫《つらぬ》き、六十年間《ねんかん》、私は幾山河《いくさんが》を勝《か》ち越《こ》えてきました。

そして今《いま》、3・16「広宣流布記念《きねん》の日」六十周年の佳節《かせつ》に、全国《ぜんこく》、全世界《ぜんせかい》の青年たちが見事《みごと》に立ち上がってくれました。地球規模《ちきゅうきぼ》で、各国各地《かっこくかくち》の青年部が新《あたら》しき地涌《じゆ》の陣列《じんれつ》を築《きず》き上《あ》げてくれました。わが恩師《おんし》・戸田城聖先生がいかばかり、喜《よろこ》ばれていることでしょうか。

世界《せかい》は創価の若人の活躍《かつやく》を待望《たいぼう》

青年が思《おも》う存分活躍《ぞんぶんかつやく》し、栄《さか》え光《ひか》る。これ以上《いじょう》に頼《たの》もしく、希望《きぼう》に溢《あふ》れることはありません。常日頃《つねひごろ》から青年を応援《おうえん》し、汗《あせ》を流《なが》してくださっている婦人部、壮年部の皆《みな》さん方《がた》にも感謝《かんしゃ》は尽《つ》きません。

今、世界中《せかいじゅう》の各界《かっかい》の識者《しきしゃ》から、続々《ぞくぞく》と創価の運動《うんどう》への期待《きたい》の声《こえ》が寄《よ》せられています。

先日も、アルゼンチンSGIの会合《かいごう》に出席《しゅっせき》された国立《こくりつ》トゥクマン大学のアリシア・バルドン総長《そうちょう》が「平和《へいわ》のために尽《つ》くそうとのSGIメンバーの熱気《ねっき》を感《かん》じました。ここに人類《じんるい》の希望《きぼう》がある」と語《かた》ってくださいました。

一人も残《のこ》らず全員《ぜんいん》が使命《しめい》の勇者《ゆうしゃ》

仏法を基調《きちょう》とした人間主義《しゅぎ》の行動《こうどう》を受《う》け継《つ》ぐ皆《みな》さんこそ、「未来《みらい》の希望《きぼう》」であり、「人類《じんるい》の宝《たから》」です。一人残《のこ》らず、深《ふか》い使命《しめい》を持《も》って生まれてきた「地涌《じゆ》の菩薩《ぼさつ》」です。

一人の地涌《じゆ》の青年の誠実《せいじつ》な行動《こうどう》が、周囲《しゅうい》に幸福《こうふく》と平和《へいわ》の波動《はどう》を広げています。「人《ひと》の振《ふ》る舞《ま》い」こそ、仏法の人間主義《しゅぎ》の結論《けつろん》です。

ここでは、なかでも報恩《ほうおん》の振《ふ》る舞《ま》いにこそ仏法の真髄《しんずい》があるという「人間学」に焦点《しょうてん》を当《あ》てて、御書を繙《ひもと》いてまいりたいと思《おも》います。

報恩抄《ほうおんしょう》

御文

(全二九三ジペー・新二一二ジペー)

仏教《ぶっきょう》をならはん者《もの》父母・師匠《ししょう》・国恩《こくおん》をわするべしや、此《こ》の大恩《だいおん》をほうぜんには必《かなら》ず仏法《ぶっぽう》をならひきはめ智者《ちしゃ》とならで叶《かな》うべきか

現代語訳

仏教《ぶっきょう》を学ぼうとするものが、どうして父母の恩《おん》、師匠《ししょう》の恩、国の恩を忘《わす》れてよいだろうか。この大恩《だいおん》に報《むく》いるには、仏法を完全《かんぜん》に習得《しゅうとく》し、智慧《ちえ》のある人となってはじめて可能《かのう》となるのではないか。

師匠《ししょう》に広布前進の結果《けっか》を報告《ほうこく》

一九五八年（昭和三十三年）四月三日、恩師《おんし》の逝去《せいきょ》の翌日《よくじつ》ではありましたが、本部幹部会が予定通《よていどお》りに豊島公会堂《としまこうかいどう》で開催《かいさい》されました。

あいさつに立った私が拝《はい》したのが、この「報恩抄《ほうおんしょう》」（注1）の一節《いっせつ》です。

私たちは、戸田先生のおかげで仏法に巡《めぐ》り合《あ》うことができた。恩師《おんし》の慈悲《じひ》に育《はぐく》まれて、人間の真実《しんじつ》の道《みち》を知《し》ることができました。この大恩《だいおん》に、弟子《でし》としてどのように報《むく》いていくか。それこそが、弟子である私たちに問《と》われていると決《けつ》意《い》を深《ふか》めました。

私は青年として訴《うった》えました。

「戸田先生の師恩《しおん》に報《むく》いる道《みち》は、ただ一つ、先生が命《いのち》を賭《か》けてこられた広宣流布に邁進《まいしん》し、『先生、このように広布を進《すす》めました』と報告《ほうこく》できる見事《みごと》な闘《とう》争《そう》を展開《てんかい》する以外《いがい》には、断《だん》じてありません」

「報恩《ほうおん》」とは感謝《かんしゃ》の心《こころ》の証《あかし》

御書では「仏法《ぶっぽう》を学《がく》せん人《ひと》・知恩報恩《ちおんほうおん》なかるべしや、仏弟子《ぶつでし》は必《かなら》ず四恩《しおん》をしって知恩報恩をいたすべし」(「開目抄《かいもくしょう》」、全一九二ジペー・新五八ジペー)等々《とうとう》、仏法者として四恩(注2)を知《し》り、恩《おん》に報《むく》いていくことの大切《たいせつ》さを、幾度《いくど》となく教《おし》えられております。この「知恩報恩《ちおんほうおん》」という御書のお言葉《ことば》を、牧口常三郎《つねさぶろう》先生は太《ふと》く囲《かこ》って大切《たいせつ》にされていました。

「恩《おん》」といっても現代人《げんだいじん》は、主君《しゅくん》から家臣《かしん》へ、親《おや》から子へというように、上から下への一方向《いちほうこう》で「恩」を考《かんが》えてしまいがちです。

しかし仏法で説《と》く恩《おん》、なかんずく日蓮大聖人が示《しめ》された報恩《ほうおん》とは、普遍的《ふへんてき》なものです。究極的《きゅうきょくてき》には、〝万物《ばんぶつ》が互《たが》いに支《ささ》え合《あ》っている〟という仏法の生命観《せいめいかん》に根《ね》ざしています。

知恩《ちおん》とは、言《い》うならば、親《おや》や家族《かぞく》、周囲《しゅうい》の人、師匠《ししょう》、一切《いっさい》の生きとし生けるもの、さらに社会《しゃかい》、仏法の存在《そんざい》へと、自分《じぶん》がつながるネットワークを知《し》り、感《かん》謝《しゃ》していくことです。

人間性復興《ふっこう》の行動原理《こうどうげんり》

すなわち、知恩《ちおん》・報恩《ほうおん》とは、〝今《いま》の自分《じぶん》があるのは自身《じしん》が関係《かんけい》する人々のおかげ〟であり、その感謝《かんしゃ》の心《こころ》から、〝今度《こんど》は自分が人々のために尽《つ》くしていこう〟とすることではないでしょうか。

だからこそ、目《め》の前《まえ》の一人を大切《たいせつ》にすることができる。その人は、孤独《こどく》の苦《く》悩《のう》から離《はな》れ、他者《たしゃ》との心《こころ》の交流《こうりゅう》を築《きず》いていける。そして境涯《きょうがい》を開《ひら》き、自他共《じたとも》に人間性を豊《ゆた》かにすることができるのです。

学会員の生《い》き方《かた》は、そうした報恩《ほうおん》の行動《こうどう》であり、人々を善《ぜん》の関係《かんけい》で結《むす》びつける、開《ひら》かれた精神《せいしん》の振《ふ》る舞《ま》いです。〝無縁《むえん》〟や〝孤立化《こりつか》〟が憂慮《ゆうりょ》される社会《しゃかい》にあって、人間性を復興《ふっこう》させる行動原理《げんり》こそ、仏法の報恩なのです。

親孝行《おやこうこう》は偉大《いだい》な人間革命の第一歩《だいいっぽ》

私はこれまで、未来部の友《とも》、また青年部の皆《みな》さんに、「父母《ちちはは》の恩《おん》を忘《わす》れない人に」「親孝行《おやこうこう》を」と、指針《ししん》を贈《おく》ってきました。これも全《すべ》て恩師《おんし》・戸田先生から教《おし》えていただいた「人間学」です。

戸田先生は「青年訓《せいねんくん》」に示《しめ》されました。

「青年は、親《おや》をも愛《あい》さぬような者《もの》も多《おお》いのに、どうして他人《たにん》を愛せようか。その無慈悲《むじひ》の自分《じぶん》を乗《の》り越《こ》えて、仏《ほとけ》の慈悲の境地《きょうち》を会得《えとく》する、人間革命の戦《たたか》いである」

自他共《じたとも》の幸福《こうふく》へと行動《こうどう》するためにも、まずは身近《みぢか》な父母への恩《おん》を報《ほう》ずるべきである。それが偉大《いだい》なる「人間革命」の第一歩《だいいっぽ》である、ということです。

ただ、現代《げんだい》は一段《いちだん》と難《むずか》しい時代《じだい》です。さまざまな事情《じじょう》で、どうしても、今すぐは親《おや》を愛《あい》せないという複雑《ふくざつ》なケースもあるでしょう。素直《すなお》に親孝行《おやこうこう》できない時《とき》もある。

しかし、焦《あせ》る必要《ひつよう》はありません。自分《じぶん》が人の親《おや》になって初《はじ》めて分《わ》かる場合《ばあい》もあります。他人《たにん》を愛《あい》してから、後《あと》で親を愛せる自分《じぶん》に変《か》わることもあります。どこまでも大事《だいじ》なのは自身《じしん》の人間革命です。粘《ねば》り強《づよ》く境涯《きょうがい》の変革《へんかく》に挑戦《ちょうせん》し、自分《じぶん》が太陽《たいよう》となって、縁《えん》する人々を包み照《て》らす慈光《じこう》を放《はな》っていけばよいのです。

日蓮仏法の師弟《してい》は峻厳《しゅんげん》な極理《ごくり》

そのうえで、大聖人が、「報恩抄《ほうおんしょう》」で、とりわけ「師匠《ししょう》の恩《おん》」について重視《じゅうし》されていることに着目《ちゃくもく》したい（注3）。

大聖人の修学時代《しゅうがくじだい》の師《し》である道善房《どうぜんぼう》（注4）は、最終的《さいしゅうてき》に念仏《ねんぶつ》に対《たい》する執着《しゅうちゃく》を捨《す》てきれず、また、大聖人が迫害《はくがい》された時《とき》にも守《まも》ろうとしなかった臆病《おくびょう》な人《じん》物《ぶつ》ではありました。

しかし大聖人は、そのような師匠《ししょう》であったとしても、師恩《しおん》を感《かん》じ、大切《たいせつ》にされました。

道善房《どうぜんぼう》の死去《しきょ》の報《ほう》を聞《き》くや、追善《ついぜん》と報恩謝徳《ほうおんしゃとく》のために「報恩抄《ほうおんしょう》」を認《したた》められたのです。

大聖人自《みずか》らが「師恩《しおん》」に報《ほう》じ抜《ぬ》くお姿《すがた》を示《しめ》してくださいました。そして、まことの報恩《ほうおん》の道《みち》とは、全人類救済《ぜんじんるいきゅうさい》のために末法《まっぽう》の大仏法を確立《かくりつ》することであり、その大功徳《だいくどく》は師匠《ししょう》に還《かえ》ることを断言《だんげん》されています。

日蓮仏法における師弟《してい》とは、かくも深《ふか》く峻厳《しゅんげん》なものです。

反対《はんたい》に、報恩《ほうおん》の人生を外《はず》れて恩を仇《あだ》で返《かえ》すような不知恩《ふちおん》の者《もの》に対《たい》しては、厳《げん》格《かく》なる因果《いんが》の理法《りほう》を教《おし》えられます。知恩・報恩は、人間を人間たらしめる極理《ごくり》といってよいでしょう。

「報恩《ほうおん》の一念《いちねん》」が功徳《くどく》や福徳《ふくとく》を無量《むりょう》に

法華経では、薬王菩薩本事品《やくおうぼさつほんじほん》に「師匠《ししょう》への報恩《ほうおん》」の物語《ものがたり》が説《と》かれています。

薬王菩薩《やくおうぼさつ》は、過去世《かこせ》において、一切衆生喜見菩薩《いっさいしゅじょうきけんぼさつ》という菩薩でした。師匠《ししょう》である日月浄明徳仏《にちがつじょうみょうとくぶつ》が法華経を説《と》いた時《とき》、この菩薩は法《ほう》を聞《き》き、一心《いっしん》に仏《ほとけ》を求《もと》めて修行《しゅぎょう》し、一万二千年後《ねんご》に「現一切色身三昧《げんいっさいしきしんざんまい》」（民衆《みんしゅう》を救《すく》うためにさまざまな姿《すがた》を示《しめ》す境涯《きょうがい》）を得《え》ています。

さらにこの菩薩《ぼさつ》は、素晴《すば》らしい境涯《きょうがい》を得《え》られたことへの報恩《ほうおん》の誓《ちか》いを立てて、師匠《ししょう》と法華経に供養《くよう》しようと、香油《こうゆ》を体《からだ》に塗《ぬ》って自《みずか》らの身《み》を燃《も》やして、光明《こうみょう》を捧《ささ》げたのです。その灯明《とうみょう》は千二百年にわたって燃《も》え続《つづ》け、広大《こうだい》な世界《せかい》を照《て》らし続《つづ》けたといいます。

この物語《ものがたり》の深意《しんい》は、「報恩《ほうおん》」に徹《てっ》した真心《まごころ》の一念《いちねん》は、世界《せかい》を、そして未来《みらい》を限《かぎ》りなく照《て》らし晴《は》らすということでしょう。

私たちが今、こうして幸福《こうふく》な人生を歩《あゆ》めるのも妙法のおかげです。また仏法を教《おし》えてくれた創価学会のおかげで、人間革命と宿命転換《しゅくめいてんかん》の最極《さいごく》の生《い》き方《かた》を貫《つらぬ》くことができます。そして、この報恩《ほうおん》の一念《いちねん》と実践《じっせん》があれば、功徳《くどく》も福徳《ふくとく》も莫《ばく》大《だい》に、いや増《ま》していくのです。

「薬王《やくおう》の供養《くよう》」とは、弟子《でし》の誓願《せいがん》

一切衆生喜見菩薩《いっさいしゅじょうきけんぼさつ》の「師匠《ししょう》への報恩《ほうおん》」の思《おも》いは、千二百年、我《わ》が身《み》を燃《も》やしても尽《つ》きることはありませんでした。

「死後《しご》もまた、師匠《ししょう》のもとに生まれて戦うのだ」と決め、再び師と同じ国に生まれて報恩《ほうおん》の供養《くよう》を捧《ささ》げようとします。そして仏《ほとけ》が入滅《にゅうめつ》した後、今度《こんど》は、七万二千年にわたって、自分《じぶん》の両臂《りょうひじ》（腕《うで》）を燃《も》やして師匠に供養し続《つづ》けます。この功徳《くどく》で、最後《さいご》は失《うしな》った両臂《りょうひじ》も戻《もど》り、金色《こんじき》の身《み》を得《え》て、薬王菩薩《やくおうぼさつ》となったと説《と》かれるのです。

何《なん》と透徹《とうてつ》した「報恩《ほうおん》」の姿《すがた》でしょうか。

報恩《ほうおん》は誓願《せいがん》を生みます。報恩は行動《こうどう》を生みます。報恩は勇気《ゆうき》を生みます。報恩は勝利《しょうり》を生みます。

報恩《ほうおん》に徹《てっ》する人は、自身《じしん》の生命《せいめい》を最高《さいこう》に磨《みが》き、境涯《きょうがい》を最大《さいだい》に勝《か》ち光《ひか》らせることができるのです。

戸田先生は、牧口先生が殉教《じゅんきょう》されたお姿《すがた》を「薬王《やくおう》の供養《くよう》」と言われていました。忘《わす》れることはできません。そして先生は、私たち青年部に対《たい》して、この薬王菩薩《ぼさつ》のごとき「報恩《ほうおん》の信心」を強《つよ》く訴《うった》えられていました。

「師匠《ししょう》の恩《おん》」を報《ほう》ずることは、人間として最《もっと》も尊貴《そんき》な正道《せいどう》です。

そして「師恩《しおん》」に報《むく》いることこそが、最《もっと》も深《ふか》く、最も強《つよ》く、最も気高《けだか》く「四恩《しおん》」全体《ぜんたい》を報《ほう》ずることに広《ひろ》がっていくのです。

一切衆生《いっさいしゅじょう》を尊重《そんちょう》する真《しん》の報恩《ほうおん》

さらに師恩《しおん》を報《ほう》ずるということについて、「祈禱抄《きとうしょう》」に「白烏《はくう》の恩《おん》をば黒烏《こくう》に報《ほう》ずべし」（全一三五二ジペー・新五九三ジペー）との御文《ごもん》があります。

これは中国《ちゅうごく》の故事《こじ》で、ある国王《こくおう》が草むらで休《やす》んでいる時《とき》、蛇《へび》にかまれそうなところを白い烏《からす》がくちばしでつついて知《し》らせたため、助《たす》かることができました。

国王《こくおう》は恩返《おんがえ》しをしようと、白烏《はくう》を捜《さが》させるものの見つかりません。そこで賢《けん》臣《しん》が「白烏の代《か》わりに、全《すべ》ての黒烏《こくう》に〝恩返し〟をすれば、白烏の恩に報《むく》いたことになる」と進言《しんげん》します。

こうして国王《こくおう》が黒烏《こくう》へ恩《おん》を報《ほう》じたという話《はなし》ですが、この故事《こじ》で「白烏《はくう》」は聖《しょう》人《にん》、「黒烏」は衆生《しゅじょう》ととらえることができます。

すなわち、私たちの立場《たちば》でいえば、自分《じぶん》が師匠《ししょう》から受《う》けた恩《おん》を、今度《こんど》は人々に返《かえ》していくことと受《う》け止《と》めていくことができます。

師《し》への報恩《ほうおん》について「若《も》し法《ほう》を伝《つた》えて衆生《しゅじょう》を利《り》せば、畢竟《ひっきょう》、恩を報ずるなり」（「報恩抄文段《ほうおんしょうもんだん》」）とあります。大法弘通慈折《だいほうぐつうじしゃく》広宣流布に生《い》き抜《ぬ》くことこそ、究極《きゅうきょく》の報恩《ほうおん》なのです。

「師恩《しおん》」を「人としての振《ふ》る舞《ま》い」の中で民衆《みんしゅう》に返《かえ》していく。その仏法者としての万人尊敬《ばんにんそんけい》の精神《せいしん》について、続《つづ》いて、「御義口伝《おんぎくでん》」（注5）の御文《ごもん》を学んでまいりたいと思《おも》います。

御義口伝《おんぎくでん》

御文

（全七八一ページ・新一〇八六ページ）

此《こ》の品《ほん》の時最上第一《ときさいじょうだいいち》の相伝《そうでん》あり、釈尊八箇年《しゃくそんはちかねん》の法華経《ほけきょう》を八《はち》字《じ》に留《とど》めて末代《まつだい》の衆生《しゅじょう》に譲《ゆず》り給《たも》うなり八字《はちじ》とは当起遠迎当如《とうきおんごうとうにょ》敬仏《きょうぶつ》の文《もん》なり、此《こ》の文《もん》までにて経《きょう》は終《おわ》るなり当《とう》の字《じ》は未来《みらい》なり当起遠迎《とうきおんごう》とは必《かなら》ず仏《ほとけ》の如《ごと》くに法華経《ほけきょう》の行者《ぎょうじゃ》を敬《うやま》う可《べ》しと云《い》う経文《きょうもん》なり

現代語訳

この普賢品《ふげんぼん》の時《とき》に、最上第一《さいじょうだいいち》の相伝《そうでん》がある。釈尊《しゃくそん》が八年にわたって

説《と》いた法華経を八文字《もじ》に留《とど》めて、後《のち》の悪世《あくせ》の人々に譲《ゆず》り与《あた》えられたのである。

その八文字《もじ》とは「当起遠迎当如敬仏《とうきおんごうとうにょきょうぶつ》（当《まさ》に起《た》って遠《とお》く迎《むか》うべきこと、当《まさ》に仏《ほとけ》を敬《うやま》うが如《ごと》くすべし）」の文である。この文までで、法華経は終《お》わるのである。

「当」の字は「未来《みらい》」ということである。「当起遠迎《とうきおんごう》」とは、「仏《ほとけ》を敬《うやま》うのと同《おな》じように、必《かなら》ず、法華経の行者《ぎょうじゃ》を敬《うやま》わなければいけない」という経文《きょうもん》である。

仏子《ぶっし》の尊敬《そんけい》こそ創価の人間学

この一節《いっせつ》は戸田先生が繰《く》り返《かえ》し青年に語《かた》り、教《おし》えてくださった御文《ごもん》です。

すなわち、釈尊《しゃくそん》が八年間《ねんかん》、説《と》き続《つづ》けてきた法華経を、たった一文で要約《ようやく》すると「未来《みらい》に現《あらわ》れる法華経の行者《ぎょうじゃ》を『仏《ほとけ》の如《ごと》く』に敬《うやま》いなさい」ということになる。妙法受持《じゅじ》の人を最大《さいだい》に尊敬《そんけい》し、大切《たいせつ》にすること。この教《おし》えこそ「最上第一《さいじょうだいいち》の相伝《そうでん》」であると述《の》べられているのです。

「仏子《ぶっし》」を尊敬《そんけい》する。「人間」を尊重《そんちょう》する。この「振《ふ》る舞《ま》い」の中にこそ、仏法の真髄《しんずい》が脈動《みゃくどう》するということです。

釈尊《しゃくそん》から大聖人へと伝《つた》わる妙法の精神《せいしん》とは、なんと崇高《すうこう》であり、なんと尊貴《そんき》でしょうか。

未来《みらい》を担《にな》い立つ後継《こうけい》の皆《みな》さんも、この人間主義《しゅぎ》の系譜《けいふ》に直結《ちょっけつ》して、どこまでも人々を尊敬《そんけい》し、誠心誠意《せいしんせいい》の「振《ふ》る舞《ま》い」を貫《つらぬ》き通《とお》していただきたい。これこそ末法万年《まっぽうまんねん》に輝《かがや》きわたる、誉《ほま》れの創価の「人間学」だからです。

同志《どうし》を仏《ほとけ》の如《ごと》く敬《うやま》い、大切《たいせつ》に

日興上人《にっこうしょうにん》の「遺誡置文《ゆいかいおきぶみ》」の中で、この普賢品《ふげんぼん》の文を引《ひ》かれています。

「身軽法重《しんきょうほうじゅう》の行者《ぎょうじゃ》に於《お》ては下劣《げれつ》の法師《ほっし》為《た》りと雖《いえど》も当如敬仏《とうにょきょうぶつ》の道理《どうり》に任《まか》せて信《しん》敬《ぎょう》を致《いた》す可《べ》き事《こと》」（全一六一八ジペー・新二一九六ジペー）

「身軽法重《しんきょうほうじゅう》の行者《ぎょうじゃ》」に対《たい》しては、たとえその人の身分《みぶん》や立場《たちば》が劣《おと》っても、「当《まさ》に仏《ほとけ》を敬《うやま》うが如《ごと》くすべし」との道理《どうり》のままに、信《しん》じ敬っていくべきである、と述《の》べられています。

妙法を持《たも》つ人《ひと》こそ尊貴《そんき》

現代《げんだい》で、この師弟不二《していふに》の魂《たましい》を実践《じっせん》しているのは、一体誰《いったいだれ》か。まさしく世界《せかい》へ妙法を弘《ひろ》めている私たち学会員にほかなりません。

たとえ人前《ひとまえ》でうまく話《はな》せなくとも、弘教《ぐきょう》がなかなか実《みの》らなくとも、広宣流布を願《ねが》って御本尊に必死《ひっし》に祈《いの》り、地道《じみち》に活動《かつどう》している人こそが「身軽法重《しんきょうほうじゅう》の行者《ぎょうじゃ》」です。自分《じぶん》の大切《たいせつ》な時間《じかん》を使《つか》って、法のために、人《ひと》のために、行動《こうどう》している勇《ゆう》者《しゃ》なのです。

だからこそ私は、陰《いん》に陽《よう》に広布に戦《たたか》う同志《どうし》の学会員を、仏《ほとけ》のように敬《うやま》い、大《たい》切《せつ》にしてきました。

御書に「持《たも》たるる法《ほう》だに第一《だいいち》ならば持《たも》つ人《ひと》随《したが》って第一《だいいち》なるべし、然《しか》らば則《すなわ》ち其《そ》の人《ひと》を毀《そし》るは其《そ》の法《ほう》を毀《そし》るなり」（全四六五ジペー・新五一六ジペー）とあります。最高無上《さいこうむじょう》の妙法を持《たも》つことは、どんな社会的《しゃかいてき》な地位《ちい》や名誉《めいよ》、名声《めいせい》を持《も》つことよりも勝《まさ》っているとの仰《おお》せです。

逆《ぎゃく》に、この妙法を持《たも》つ人を謗《そし》ることは、法《ほう》を謗ることにつながるのです。

だからこそ、同志《どうし》は守《まも》り合《あ》い、尊敬《そんけい》し合《あ》い、助《たす》け合《あ》っていかなければなりません。特《とく》に男性《だんせい》のリーダーは、婦人部・女子部を最大《さいだい》に大切《たいせつ》に守《まも》り、感謝《かんしゃ》し、礼《れい》を尽《つ》くしていただきたいのです。

広宣流布大誓堂《だいせいどう》の八本の柱《はしら》

今年（二〇一八年）の一月三日に、私は広宣流布大誓堂《だいせいどう》を訪《おとず》れました。

その御宝前《ごほうぜん》には、「創価学会会憲《かいけん》」の署名簿《しょめいぼ》が供《そな》えられていました。これは昨年十一月に世界《せかい》のリーダーが集《つど》い、世界広布への誓願《せいがん》の意義《いぎ》を込《こ》め、署名したものです。私も、全世界の同志《どうし》が「異体同心《いたいどうしん》」のスクラムで、一段《いちだん》と世界広宣流布を進《すす》め、各国《かっこく》・各地《かくち》が平和《へいわ》に安穏《あんのん》に、繁栄《はんえい》していかれるよう、真剣《しんけん》に祈《いの》りを捧《ささ》げました。

この広宣流布大誓堂《だいせいどう》の北側《きたがわ》、南側《みなみがわ》には、それぞれ八本の柱《はしら》が立《た》ち並《なら》んでいます。この柱《はしら》は、「必《かなら》ず仏《ほとけ》の如《ごと》くに法華経《ほけきょう》の行者《ぎょうじゃ》を敬《うやま》うべし」という「法華経の心《こころ》」「創価の心」を体《たい》した八文字《もじ》（当起遠迎当如敬仏《とうきおんごうとうにょきょうぶつ》）の象徴《しょうちょう》です。

大誓堂《だいせいどう》の八本の柱《はしら》は、晴《は》れの日も雨の日も厳然《げんぜん》と立ち、地涌《じゆ》の法友《ほうゆう》の奮闘《ふんとう》を讃《たた》えるように、来館《らいかん》される方々《かたがた》をお迎《むか》えしているのです。

釈尊《しゃくそん》から大聖人、そして創価学会に「最上第一《さいじょうだいいち》の相伝《そうでん》」として、確《たし》かに継承《けいしょう》されているのが「当起遠迎当如敬仏《とうきおんごうとうにょきょうぶつ》」の実践《じっせん》です。

いよいよ本門《ほんもん》の主役《しゅやく》たちが登場《とうじょう》

一人もれなく等《ひと》しく仏《ほとけ》なり。

ゆえに、万人《ばんにん》を尊敬《そんけい》し、尊重《そんちょう》する。

この最上第一《さいじょうだいいち》の「人間学」を持《も》った創価の青年が、人類《じんるい》の新時代《しんじだい》を勝《か》ち開《ひら》いていきます。

分断《ぶんだん》から結合《けつごう》へ！　孤立《こりつ》の冷《つめ》たき闇《やみ》を、協和《きょうわ》の温《あたた》かな光《ひかり》へ！　悪世《あくせ》の修羅闘《しゅらとう》諍《じょう》を、立正安国《りっしょうあんこく》の世界平和《せかいへいわ》へ！——人類《じんるい》の宿命《しゅくめい》を転換《てんかん》する本門《ほんもん》の地涌《じゆ》の青年が、いよいよ新《あら》たな平和の大航海《だいこうかい》を始《はじ》めたのです。

「世界《せかい》広布は絶対《ぜったい》に盤石《ばんじゃく》なり！」

戸田先生は、「大法弘通慈折広宣流布大願成就《だいほうぐつうじしゃくだいがんじょうじゅ》」の御本尊の御前《おんまえ》で、青年たちを紹介《しょうかい》して讃《たた》えられました。

「皆《みな》さん、この青年男女諸君《しょくん》に、どうか期待《きたい》してください。この若者《わかもの》たちが、この大法戦《だいほうせん》をやり遂《と》げる人びとです。この青年たちがいる限《かぎ》り、学会は絶対《ぜったい》に盤石《ばんじゃく》であります」

私も恩師《おんし》と同《おな》じ心《こころ》で宣言《せんげん》したい。

「わが愛《あい》する創価の青年たちがいる限《かぎ》り、世界《せかい》の広宣流布は末法万年尽未来《まっぽうまんねんじんみらい》際《さい》まで絶対《ぜったい》に盤石《ばんじゃく》であります！」

［注　解］

（注1）【「報恩抄《ほうおんしょう》」】建治《けんじ》二年（一二七六年）七月、日蓮大聖人が身延《みのぶ》から安房国《あわのくに》（千葉県南部）清澄寺《せいちょうじ》の故師《こし》・道善房《どうぜんぼう》の追善供養《ついぜんくよう》のため、浄顕房《じょうけんぼう》・義浄房《ぎじょうぼう》のもとへ送《おく》られた書《しょ》。五大部《ごだいぶ》の一つ。真実《しんじつ》の報恩について明《あ》かされている。浄顕房と義浄房は、大聖人が幼少《ようしょう》の時《とき》に修学《しゅうがく》を支《ささ》え、後《のち》に大聖人の弟子《でし》となった。

（注2）【四恩《しおん》】諸説《しょせつ》あるが、「上野殿御消息《うえのどのごしょうそく》」には、「一に仏教《ぶっきょう》の四恩とは一には父母の恩を報《ほう》ぜよ・二には国主《こくしゅ》の恩を報ぜよ・三には一切衆生《いっさいしゅじょう》の恩を報ぜよ・四には三宝《さんぽう》の恩を報ぜよ」（全一五二七㌻・新一八五一㌻）とある。

（注3）「報恩抄《ほうおんしょう》」には「これは・ひとへに父母の恩・師匠《ししょう》の恩・三宝《さんぽう》の恩・国恩《こくおん》をほう《報》ぜんがため」（全三二三㌻・新二五三㌻）と仰《おお》せになっており、一般的《いっぱんてき》な「四恩《しおん》」に「師匠の恩」を加《くわ》えている。この場合《ばあい》、「一切衆生《いっさいしゅじょう》の恩」は「父母の恩」に含《ふく》まれると拝《はい》される。

（注4）【道善房《どうぜんぼう》】？～一二七六年。安房国《あわのくに》（千葉県南部）清澄寺《せいちょうじ》の住僧《じゅうそう》。日蓮大聖人が出家《しゅっけ》された時《とき》の師《し》。建長《けんちょう》五年（一二五三年）に大聖人が立宗宣言《りっしゅうせんげん》された時は、念仏者《ねんぶつしゃ》で圧迫《あっぱく》を加《くわ》えてきた地頭《じとう》・東条景信《とうじょうかげのぶ》らに屈《くっ》し、大聖人を守《まも》ることができなかった。文永元年《ぶんえいがんねん》（一二六四

年）の小松原《こまつばら》の法難《ほうなん》の直後《ちょくご》に大聖人を見舞《みま》ったが、その時、大聖人は、念仏を破折《はしゃく》され、正法《しょうほう》への帰依《きえ》を勧《すす》められた。その後、道善房は少《すこ》し信心を起《お》こしたようだが、改宗《かいしゅう》にまで至《いた》らずに一生を終《お》えた。

（注5）【「御義口伝《おんぎくでん》」】 本書二一六ページを参照。

広宣流布——共々《ともども》に地涌《じゆ》の使命《しめい》に生《い》き切《き》る誉《ほま》れ

創価学会は、いったい何《なん》のためにこの世界《せかい》に出現《しゅつげん》したのか。つまり創価学会の根本《こんぽん》の使命《しめい》とは、いったい何《なに》か。

それは、日蓮大聖人の仏意仏勅《ぶついぶっちょく》たる「広宣流布」の実現《じつげん》に尽《つ》きます。

来《く》る年、来る年、栄光燦《えいこうさん》たる五月三日——「創価学会の日」を迎《むか》えるたび、わが胸《むね》には熱《あつ》い思《おも》いが燃《も》えたぎります。

恩師《おんし》・戸田城聖先生の師子吼《ししく》が、わが生命《せいめい》に響《ひび》き渡《わた》るのです。

——さあ、今日《きょう》も広布へ出発《しゅっぱつ》しよう！

君《きみ》も、私と共《とも》に、新《あら》たな歴史《れきし》を創《つく》るのだ！
奮起《ふんき》せよ！　闘《たたか》おうではないか！
広宣流布の大願《だいがん》を高《たか》く掲《かか》げて！――と。

濁悪《じょくあく》の時代思想《じだいしそう》を浄化《じょうか》する

〝創価三代〟の師弟《してい》を貫《つらぬ》く誓願《せいがん》とは、広宣流布にほかなりません。

一九四二年（昭和十七年）五月、軍部政府《ぐんぶせいふ》による思想《しそう》の統制《とうせい》が強《つよ》まるなかで開催《かいさい》された総会《そうかい》で、初代会長・牧口常三郎《つねさぶろう》先生が断固《だんこ》と訴《うった》えられたのは「広宣流布」でした。

さらに翌年《よくねん》、弾圧《だんあつ》による逮捕後《たいほご》の取《と》り調《しら》べでは、広宣流布の意味《いみ》を問《と》われ、先生は堂々《どうどう》と、「末法《まっぽう》の時代《じだい》、いわゆる現世《げんせ》のごとき濁悪《じょくあく》の時代思想《しそう》を、南無妙法蓮華経の真理《しんり》によって浄化《じょうか》すること」（趣意《しゅい》）と主張《しゅちょう》されていたのです。

膝《ひざ》づめの〝一対一《いったいいち》の対話《たいわ》〟を

一九五一年（昭和二十六年）の五月三日、第二代会長就任式《しゅうにんしき》で戸田先生が誓願《せいがん》されたのも、「広宣流布」であります。

「私が生きている間《あいだ》に七十五万世帯《せたい》の折伏《しゃくぶく》は私の手でする」と宣言《せんげん》されるとともに、今日《こんにち》の広宣流布は、膝《ひざ》づめの〝一対一《いったいいち》の対話《たいわ》〟で成《な》し遂《と》げられると、実践《じっせん》の根本軌道《こんぽんきどう》を示《しめ》してくださいました。

一九六〇年（昭和三十五年）の五月三日、第三代会長に就任《しゅうにん》した私も、戸田門《もん》下生《かせい》を代表《だいひょう》して「化儀《けぎ》の広宣流布」を目指《めざ》し、一歩前進《いっぽぜんしん》への指揮《しき》を執《と》り始《はじ》めました。

不二《ふに》の弟子《でし》として、「詮《せん》ずるところは天もすて給《たま》え諸難《しょなん》にもあえ身命《しんみょう》を期《ご》とせん」（全二三二ページ・新一一四ページ）との御聖訓《ごせいくん》を生命《せいめい》に刻《きざ》んで、一心不乱《いっしんふらん》に「世界《せかい》広布」即《そく》「世界平和《へいわ》」への大道《だいどう》を開《ひら》いてきたのです。

地涌《じゆ》の闘士《とうし》による誓願《せいがん》の祈《いの》り

今《いま》、総本部《そうほんぶ》の広宣流布大誓堂《だいせいせいどう》には、日本全国《ぜんこく》、また全世界《ぜんせかい》から尊《とうと》き「地涌《じゆ》の闘士《とうし》」が喜々《きき》として集《つど》い来《きた》り、「大法弘通慈折広宣流布大願成就《だいほうぐつうじしゃくこうせんるふだいがんじょうじゅ》」の「創価学会常住《じょうじゅう》」の御本尊に誓願《せいがん》の祈《いの》りを捧《ささ》げています。

本書《ほんしょ》の結《むす》びとして、創価の尊《とうと》き大使命《だいしめい》である「広宣流布」をテーマに学び合《あ》いたいと思《おも》います。

顕《けん》仏《ぶつ》未《み》来《らい》記《き》

御文

（全五〇五ジペー・新六〇六ジペー）

法華経《ほけきょう》の第七《だいしち》に云《いわ》く「我《わ》が滅度《めつど》の後《のち》・後《のち》の五百歳《ごひゃくさい》の中《うち》に閻《えん》浮提《ぶだい》に広宣流布《こうせんるふ》して断絶《だんぜつ》せしむること無《な》けん」等云云《うんぬん》、予一《よひと》たびは歎《なげ》いて云《いわ》く仏滅後《ぶつめつご》既《すで》に二千二百二十余年《にせんにひゃくにじゅうよねん》を隔《へだ》つ何《いか》なる罪業《ざいごう》に依《よ》って仏《ほとけ》の在世《ざいせ》に生《うま》れず正法《しょうほう》の四依《しえ》・像法《ぞうほう》の中《うち》の天《てん》台《だい》・伝教等《でんぎょうとう》にも値《あ》わざるやと、亦一《またひと》たびは喜《よろこ》んで云《いわ》く何《いか》なる幸《さいわい》あって後五百歳《のちのごひゃくさい》に生《うま》れて此《こ》の真文《しんもん》を拝見《はいけん》することぞや

現代語訳

法華経第《だい》七巻《かん》には、「私（釈尊《しゃくそん》）が滅度《めつど》した後《のち》、後《のち》の五百年のうちに、

この法華経を一閻浮提《いちえんぶだい》（全世界《ぜんせかい》）に広宣流布して、断絶《だんぜつ》させてはならない」（薬王菩薩本事品第二十三《やくおうぼさつほんじほん》）等《とう》と述《の》べられている。

私（日蓮）は一度《いちど》は嘆《なげ》いて言《い》う。

――今《いま》は釈迦仏《しゃかぶつ》の滅後《めつご》、既《すで》に二千二百二十余年《よねん》がたっている。いったい、いかなる罪業《ざいごう》があって、仏《ほとけ》（釈迦仏《しゃかぶつ》）のおられる時代《じだい》に生《う》まれ合《あ》わせることができず、また、正法《しょうほう》時代の四依《しえ》の人（迦葉《かしょう》・阿《あ》難《なん》や竜樹《りゅうじゅ》・天親等《てんじんとう》）にも、像法《ぞうほう》時代の天台大師《てんだいだいし》や伝教《でんぎょう》大師にも会《あ》えなかったのであろうかと。

また、一度《いちど》は喜《よろこ》んで言《い》う。

――いったい、いかなる福徳《ふくとく》があって、後《のち》の五百年（の末法《まっぽう》）に生まれ、この薬王品《やくおうぼん》の真実《しんじつ》の文《もん》を拝見《はいけん》することができたのであろうかと。

末法《まっぽう》の法華経流布《るふ》は仏《ほとけ》の遺命《ゆいめい》

「顕仏未来記《けんぶつみらいき》」（注1）は、「観心本尊抄《かんじんのほんぞんしょう》」「如説修行抄《にょせつしゅぎょうしょう》」等《とう》に続《つづ》いて執筆《しっぴつ》された重要《じゅうよう》な御抄《ごしょう》の一つです。とりわけ、御本仏《ごほんぶつ》の末法万年《まっぽうまんねん》にわたる未来記《みらいき》を実現《じつげん》しゆく「日蓮が一門《いちもん》」の私たちが、心《こころ》して拝《はい》すべき重書《じゅうしょ》です。

最初《さいしょ》に掲《かか》げられた法華経第《だい》七巻《かん》（薬王菩薩本事品《やくおうぼさつほんじほん》）の文《もん》は釈尊《しゃくそん》の遺命《ゆいめい》です。すなわち、仏滅後《ぶつめつご》の悪世末法《あくせまっぽう》において、法華経を全世界《ぜんせかい》に弘《ひろ》めるように弟子《でし》に託《たく》された一節《いっせつ》です。また、広宣流布が仏意仏勅《ぶついぶっちょく》であることを示《しめ》す依文《えもん》そのものです。

広宣流布とは、人々の生老病死《しょうろうびょうし》の苦悩《くのう》を救《すく》い、人類《じんるい》を永遠《えいえん》の幸福境涯《こうふくきょうがい》に至《いた》らしめる仏《ほとけ》の願《ねが》いを受《う》け継《つ》ぎ、実現《じつげん》する仏弟子《ぶつでし》の使命《しめい》にほかなりません。

この経文《きょうもん》を拝《はい》し、大聖人は、仏在世《ほとけざいせ》にも生《う》まれず、聖賢《しょうけん》にも会《あ》えずに遠《とお》く隔《へだ》たった悪世末法《あくせまっぽう》に生まれたことを、「一《ひと》たびは歎《なげ》いて云《いわ》く」と述《の》べられています。ところが一転《いってん》、次《つぎ》には、末法に生《う》まれ合《あ》わせて仏の未来記《みらいき》を目《ま》の当《あ》たりにできることを、「一《ひと》たびは喜《よろこ》んで云く」と仰《おお》せになります。

この「歎《なげ》いて」から「喜《よろこ》んで」への大転換《だいてんかん》に、重大《じゅうだい》な意味《いみ》が拝察《はいさつ》されます。当時《とうじ》、大聖人は、次々《つぎつぎ》と迫害《はくがい》を受《う》け続《つづ》けられていました。その結果《けっか》、罪人《ざいにん》として、死罪《しざい》にも等《ひと》しい流罪《るざい》に処《しょ》せられた境遇《きょうぐう》にありました。本抄《ほんしょう》にも、「日来《ひごろ》の災《さい》・月来《つきごろ》の難《なん》・此《こ》の両三年《りょうさんねん》の間《あいだ》の事既《ことすで》に死罪《しざい》に及《およ》ばんとす今年《ことし》・今月《こんげつ》万《まん》が一《いち》も脱《の》がれ難《がた》き身命《しんみょう》なり」（全五〇九ページ・新六一一ページ）と示《しめ》されている通《とお》りです。

その中にあって、大聖人は「幸《さいわい》なるかな一生《いっしょう》の内《うち》に無始《むし》の謗法《ほうぼう》を消滅《しょうめつ》せんことを悦《よろこ》ばしいかな未《いま》だ見聞《けんもん》せざる教主釈尊《きょうしゅしゃくそん》に侍《つか》え奉《たてまつ》らんことよ、願《ねが》くは我《われ》を損《そん》ずる国主等《こくしゅとう》をば最初《さいしょ》に之《これ》を導《みちび》かん」（全同ページ・新六一二ページ）とまで仰《おお》せです。

まさしく「喜《よろこ》んで」と言《い》われた御胸中《ごきょうちゅう》には、末法《まっぽう》広宣流布に一人立つ師子王《ししおう》の魂《たましい》が、明々《あかあか》と燃《も》えておられたと拝《はい》されます。大聖人は、大難《だいなん》の只中《ただなか》にあって仏《ほとけ》の大境涯《だいきょうがい》の上から、「（仏法は）末法《まっぽう》には東《ひがし》より西《にし》に往《ゆ》く」「仏法必《ぶっぽうかなら》ず東土《とうど》の日《に》本《ほん》より出《い》づべきなり」（全五〇八ページ・新六一〇ページ、六一一ページ）と、仏法西還《せいかん》、すなわち一閻浮提《いちえんぶだい》広宣流布を宣言《せんげん》なされているのです。

この一節《いっせつ》は、戸田先生も御書に線《せん》を引《ひ》かれ、繰《く》り返《かえ》し講義《こうぎ》された御文《ごもん》です。

「救《すく》われる存在《そんざい》」から「救う存在」へ

この「嘆《なげ》きから喜《よろこ》びへ」の大転換《だいてんかん》を、私たちに寄《よ》せて考察《こうさつ》してみたい。

例《たと》えば人間は、自分《じぶん》が生まれてくる時代《じだい》や社会《しゃかい》を選《えら》ぶことはできません。時《とき》には、なぜ、こんな悲惨《ひさん》な世《よ》の中《なか》なのかと慨嘆《がいたん》したくなる残酷《ざんこく》な現実《げんじつ》もある。何《なん》のゆえあって、こうした濁世《じょくせ》に生まれたのか。「嘆《なげ》いて」とは、環境《かんきょう》に左右される凡夫《ぼんぷ》の心《こころ》ともいえます。

しかし、今《いま》、いかなる境遇《きょうぐう》や困難《こんなん》な環境《かんきょう》にあろうと、人間は、自身《じしん》の一念《いちねん》の変革《へんかく》によって、まったく次元《じげん》を異《こと》にした人生を開《ひら》くことができる。それが、「喜《よろこ》んで」という大転換《だいてんかん》です。

すなわち、自《みずか》らが広宣流布の主体者《しゅたいしゃ》となることです。自分《じぶん》が主人公《しゅじんこう》として行《こう》動《どう》しなければ「喜《よろこ》び」は湧《わ》いてきません。

この大転換《だいてんかん》への鍵《かぎ》となるものこそが、「地涌《じゆ》の使命《しめい》」の自覚《じかく》なのです。「仏《ほとけ》に救《すく》われる存在《そんざい》」から、仏と共《とも》に「人々《ひとびと》を救う存在」へと人間革命する。末法《まっぽう》という悪世《あくせ》に翻弄《ほんろう》される宿命《しゅくめい》を嘆《なげ》くのではなく、その激浪《げきろう》と戦《たたか》いながら、人々を支《ささ》え、励《はげ》まし、自他共《じたとも》に幸福《こうふく》を築《きず》きゆく、歓喜《かんき》あふれる菩薩《ぼさつ》の使命《しめい》の実践《じっせん》へと打《う》って出《で》るのです。

それは、苦悩《くのう》の衆生《しゅじょう》を救《すく》うために、あえて清浄《しょうじょう》の業報《ごうほう》をかなぐり捨《す》てて、衆生と同《おな》じ悪世《あくせ》に生まれるという「願兼於業《がんけんおごう》」（注2）の生《い》き方《かた》そのものです（法華経法師品《ほっしほん》第十）。

誓願《せいがん》のゆえに娑婆世界《しゃばせかい》に生まれる

誰《だれ》しも、それぞれの人生において否応《いやおう》なく直面《ちょくめん》する境遇《きょうぐう》や状況《じょうきょう》があるものです。あまりにも過酷《かこく》な苦難《くなん》や試練《しれん》もある。しかし、その襲《おそ》いかかる「宿命《しゅくめい》」を、自分《じぶん》だからこそ耐《た》えられる、必《かなら》ず深《ふか》い意味《いみ》があると、あえて捉《とら》え直《なお》し、「使命《しめい》」をつかみとっていく、生命《せいめい》の究極《きゅうきょく》の道《みち》があります。

それこそが久遠《くおん》より願《ねが》って悪世末法《あくせまっぽう》の娑婆世界《しゃばせかい》に生まれ、法華経を弘《ひろ》めるのだと誓願《せいがん》した地涌《じゆ》の菩薩《ぼさつ》の元初《がんじょ》の生命《せいめい》なのです。

戸田先生は、獄窓《ごくそう》の内《うち》で、地涌《じゆ》の菩薩《ぼさつ》の使命《しめい》を自覚《じかく》され、敗戦《はいせん》の焦土《しょうど》と化《か》した日本にあって、「妙法流布《るふ》の大願《だいがん》」を掲《かか》げられました。あの戦後《せんご》の絶望《ぜつぼう》と悲嘆《ひたん》の時代《じだい》に、いったい誰《だれ》が、「今《いま》こそ広宣流布の時《とき》なり」と誇《ほこ》り高《たか》く誓《ちか》うことができたでしょうか。

創価学会が、仏意仏勅《ぶついぶっちょく》の「広宣流布の宗教《しゅうきょう》」であるゆえんは、まさにこの「広宣流布の信心」があるからです。

「生きる意味《いみ》」を自覚《じかく》させる経典《きょうてん》

ロシアで法華経研究《けんきゅう》に尊《とうと》い人生を捧《ささ》げてこられたヴォロビヨヴァ博士（注

3）と会談《かいだん》した折《おり》、私は「二十一世紀《せいき》の人類《じんるい》にとって、法華経はどのような使《し》命《めい》を果《は》たすと思《おも》われますか」と尋《たず》ねました。

すると博士は、こう返答《へんとう》されました。

「法華経は、人間一人ひとりに『なぜ、私はこんなことをしているのか』『自《じ》分《ぶん》は、いずこへ行くのか』、また『人類《じんるい》は、いずこへ向《む》かうのか』等と思索《しさく》させます。人々が考《かんが》え始《はじ》めるのです。それが法華経の使命《しめい》であると考えます」

法華経はまさしく、最《もっと》も崇高《すうこう》にして根本的《こんぽんてき》な「生きる意味《いみ》」を人間に自覚《じかく》させます。

結論《けつろん》から言《い》えば、民衆《みんしゅう》一人ひとりが広宣流布の大願《だいがん》に生きることこそ、無上《むじょう》道《どう》の人生であることを教《おし》えています。

法華経において、釈尊《しゃくそん》から滅後末法《めつごまっぽう》の広宣流布を付嘱《ふぞく》された「久遠《くおん》の弟子《でし》」こそ地涌《じゆ》の菩薩《ぼさつ》だからです。

この地涌《じゆ》の菩薩《ぼさつ》の使命《しめい》を明《あ》かされた「諸法実相抄《しょほうじっそうしょう》」（注4）を拝《はい》しましょう。

諸法実相抄《しょほうじっそうしょう》

御文

（全一三六〇ジペー・新一七九一ジペー）

末法《まっぽう》にして妙法蓮華経《みょうほうれんげきょう》の五字《ごじ》を弘《ひろ》めん者《もの》は男女《なんにょ》はきらふべからず、皆地涌《みなじゆ》の菩薩《ぼさつ》の出現《しゅつげん》に非《あら》ずんば唱《とな》へがたき題目《だいもく》なり、日蓮一人《にちれんいちにん》はじめは南無妙法蓮華経と唱《とな》へしが、二人《ににん》・三《さん》人《にん》・百人《ひゃくにん》と次第《しだい》に唱《とな》へつたふるなり、未来《みらい》も又《また》しかるべし、是《これ》あに地涌《じゆ》の義《ぎ》に非《あら》ずや

現代語訳

末法《まっぽう》において「妙法蓮華経」の五字を弘《ひろ》める者《もの》には、男女の分《わ》け隔《へだ》

てはない。皆《みな》、地涌《じゆ》の菩薩《ぼさつ》として出現《しゅつげん》した人々でなければ唱《とな》えることのできない題目なのである。

初《はじ》めは日蓮一人《ひとり》が南無妙法蓮華経と唱《とな》えたが、二人《ふたり》、三人《さんにん》、百人《ひゃくにん》と、次第《しだい》に唱え伝《つた》えてきたのである。未来《みらい》もまた同《おな》じであろう。これこそ「地涌《じゆ》の義《ぎ》」なのである。

いかなる人も尊極《そんごく》な存在《そんざい》

法華経では、男女の分《わ》け隔《へだ》ては一切《いっさい》ありません。男性《だんせい》も女性《じょせい》も平等《びょうどう》です。

また、誰にも、社会的《しゃかいてき》な立場《たちば》などに関係《かんけい》なく、尊《とうと》き広布の使命《しめい》があります。

大聖人は、「法華経を持《たも》つ男女《なんにょ》の・すがた」がそのまま尊極《そんごく》の宝塔《ほうとう》（注5）であり、「貴賤上下《きせんじょうげ》をえらばず」、一人ひとりが宝塔《ほうとう》であると断言《だんげん》されています（全一三〇四ジペー・新一七三二ジペー）。

「僧《そう》であれ俗《ぞく》であれ尼《あま》であれ女であれ、法華経の一句《いっく》でも人に語《かた》る者《もの》は如来《にょらい》の使《つか》いである」（全一四四八ジペー・新一七二〇ジペー、通解）とも讃《たた》えられています。

誰《だれ》もが「宝塔《ほうとう》」であり、誰《だれ》もが「如来《にょらい》の使《つか》い」である。すなわち、どんな人も尊極《そんごく》の仏の生命《せいめい》を具《そな》え、無限《むげん》の可能性《かのうせい》を持《も》った存在《そんざい》です。この厳《げん》たる事実《じじつ》を説《と》き切《き》ったのが、偉大《いだい》な日蓮仏法なのです。

続《つづ》く御文《ごもん》では、大聖人がただ御一人、先駆《さきが》けて題目を唱《とな》えられ、如説修行《にょせつしゅぎょう》された通《とお》りに、今度《こんど》は弟子《でし》が題目を唱《とな》え（自行《じぎょう》）、人に語《かた》り伝《つた》える（化他《けた》）べきことが示《しめ》されています。

まず自《みず》らが一人立つ。その一人が起点《きてん》となって、次《つぎ》の一人に語《かた》る――この最《もっと》も本源的《ほんげんてき》な人間と人間の結《むす》びつきこそが、いかなる時代《じだい》、いかなる天地《てんち》でも、未来《みらい》にわたって広宣流布の展開《てんかい》の基本《きほん》なのです。

今《いま》や、創価学会の世界的広《せかいてきひろ》がりのなかで、その広布拡大《かくだい》の歩《あゆ》みは、地球上《ちきゅうじょう》のいずこであれ、例外《れいがい》なく、この「一人から一人へ」という基盤《きばん》から始《はじ》まっています。「未来《みらい》も又《また》しかるべし」に示《しめ》された通《とお》りの軌道《きどう》なのです。

大願《だいがん》には自発能動《じはつのうどう》の「歓喜《かんき》」が

大聖人は、法華経の経文《きょうもん》に照《て》らし、御自身《ごじしん》が虚空会《こくうえ》に列《つら》なった地涌《じゆ》の菩薩《ぼさつ》であり、それを思《おも》えば「流人《るにん》なれども喜悦《きえつ》はかりなし」（全一三六〇ページ・新一七九二ページ）と仰《おお》せです。

広宣流布という最極《さいごく》の使命《しめい》を知《し》り、誓願《せいがん》の信心に奮《ふる》い立《た》ち、勇気《ゆうき》と智慧《ちえ》を絞《しぼ》って戦《たたか》う生命《せいめい》には、「歓喜の中《なか》の大歓喜」（全七八八ページ・新一〇九七ページ）がみなぎります。「自他共《じたとも》に智慧《ちえ》と慈悲《じひ》と有《あ》るを喜《き》とは云《い》うなり」（全七六一ページ・新一〇六一ページ）と示《しめ》されている通《とお》りです。

広宣流布の大願《だいがん》には、自発能動《じはつのうどう》の「歓喜《かんき》」があります。義務《ぎむ》や強制《きょうせい》ではない、偉大《いだい》な妙法に巡《めぐ》り合《あ》い、自身《じしん》の深遠《しんえん》なる使命《しめい》に目覚《めざ》めた喜《よろこ》びがある。その「喜び身《み》に余《あま》るが故《ゆえ》に」（全三三四ページ・新一五三ページ）、語《かた》らずにはいられないのです。「音《こえ》も惜《おし》まず」（全五〇四ジペー・新六〇三ジペー）、友《とも》に呼《よ》び掛《か》けずにいられないのです。

日蓮仏法に脈打《みゃくう》つ、この広宣流布の魂《たましい》を蘇《よみがえ》らせたのは、まぎれもなく戸田先生の獄中《ごくちゅう》における地涌《じゆ》の自覚《じかく》です。

それは、日本中の人々に、世界中《せかいじゅう》の人々に、喜《よろこ》びを語《かた》り伝《つた》えずにはいられないという大歓喜《だいかんき》のほとばしりであったのです。

御書には、「随喜《ずいき》する声《こえ》を聞《き》いて随喜し」（全一一九九ジペー・新一六四二ジペー）とあります。歓喜《かんき》は連鎖《れんさ》する。大歓喜《だいかんき》の題目、大歓喜の体験《たいけん》、大歓喜の声《こえ》が、一人から次《つぎ》の一人の心《こころ》に響《ひび》き、さらに、「二人《ににん》・三人《さんにん》・百人《ひゃくにん》」へと波動《はどう》するのです。

私自身《じしん》、戸田先生の広布の大情熱《だいじょうねつ》に触《ふ》れ、電撃《でんげき》に打《う》たれたように「随喜《ずいき》」しました。

十九歳《さい》の夏《なつ》、恩師《おんし》との運命的《うんめいてき》な出会《であ》いの衝撃《しょうげき》が、そうでした。法華経講義《こうぎ》を拝聴《はいちょう》して、「宗教革命《しゅうきょうかくめい》、即《そく》、人間革命なり」「若人《わこうど》よ、大慈悲《だいじひ》を抱《いだ》きて進《すす》め。若人よ、大哲理《だいてつり》を抱きて戦《たたか》え」と綴《つづ》った感動《かんどう》もそうです。恩師《おんし》の故郷《こきょう》である北海道・厚田《あつた》の海辺《うみべ》で、「君《きみ》は、世界《せかい》の広宣流布の道《みち》を開《ひら》くんだ。この私に代《か》わって」と世界広布の夢《ゆめ》を託《たく》された時《とき》も、そうだったのです。

一つまた一つと、師弟《してい》の劇《げき》を重《かさ》ねながら、自分《じぶん》は一生涯《いっしょうがい》、否《いな》、三世永遠《さんぜえいえん》に、この師と共《とも》に、広宣流布に生《い》き抜《ぬ》くのだと覚悟《かくご》を深《ふか》めてきたのです。

「不思議《ふしぎ》なる霊山一会《りょうぜんいちえ》の愛弟子《まなでし》」

大聖人は、若《わか》き南条時光《なんじょうときみつ》（注6）をはじめ弟子《でし》たちに「願《ねが》くは我《わ》が弟子等《でしら》・大願《だいがん》ををこせ」（全一五六一ジペー・新一八九五ジペー）と励《はげ》まされました。この御聖訓《ごせいくん》のままに大願を起《お》こし、私は、世界中《せかいじゅう》に広布の道《みち》を切《き》り開《ひら》いてきました。

昨年《さくねん》（二〇一七年）末《まつ》、私は九十歳を前《まえ》にした心境《しんきょう》として、「不思議《ふしぎ》なる霊山《りょうぜん》一会《いちえ》（注7）の愛弟子《まなでし》たちと共《とも》に、末法万年尽未来際《まっぽうまんねんじんみらいさい》までの地涌《じゆ》の義を決定《けってい》づける」と決意《けつい》を綴《つづ》りました。

広宣流布は、未来永遠《みらいえいえん》にわたる師弟《してい》のロマンであり、三世《さんぜ》に通《つう》じる共戦《きょうせん》の物語《ものがたり》です。

勇気《ゆうき》と励《はげ》まして国土《こくど》を変革《へんかく》

今《いま》なお、世界《せかい》には、さまざまな戦乱《せんらん》や紛争《ふんそう》があります。テロの危険《きけん》も広《ひろ》がっている。貧困《ひんこん》・格差《かくさ》などで社会《しゃかい》の分断《ぶんだん》が進《すす》み、苦悩《くのう》の闇《やみ》も深《ふか》い。地球環境《ちきゅうかんきょう》の悪化《あっか》の中、甚大《じんだい》な自然災害《しぜんさいがい》も打《う》ち続《つづ》いています。

しかし、どんな苦難《くなん》の嵐《あらし》が吹《ふ》こうが、どんな試練《しれん》の壁《かべ》が立ちはだかろうが、法華経の経文《きょうもん》に照《て》らして、必《かなら》ず、周囲《しゅうい》に勇気《ゆうき》と励《はげ》ましの光《ひかり》を送《おく》る地涌《じゆ》の勇者《ゆうしゃ》たちが出現《しゅつげん》します。

否《いな》、現《あらわ》れなければ、経文《きょうもん》は虚妄《こもう》になってしまう。

一人の地涌《じゆ》の先達《せんだつ》が涌現《ゆげん》すれば、必《かなら》ず、一人また一人と立ち上がり、同志《どうし》が誕生《たんじょう》します。あの国《くに》にも、この地《ち》にも、地涌の民衆《みんしゅう》が、生き生きと活躍《かつやく》すれば、幸福《こうふく》と平和《へいわ》への連帯《れんたい》を生み出します。

まさしく、これが「地涌《じゆ》の義《ぎ》」です。そして、地涌の大陣列《だいじんれつ》が築《きず》かれれば、必《かなら》ず国土《こくど》の宿命《しゅくめい》は転換《てんかん》されていきます。

まさに、経文《きょうもん》に説《と》かれる「同時《どうじ》に涌出《ゆじゅつ》せり」（法華経四五二ジペー）の時代《じだい》を迎《むか》えました。

御書には仰《おお》せです。「涌出《ゆじゅつ》とは広宣流布《こうせんるふ》の時《とき》一閻浮提《いちえんぶだい》の一切衆生《いっさいしゅじょう》・法華経の行者《ぎょうじゃ》となるべきを涌出とは云《い》うなり」（全八三四ジペー・新一一六一ジペー）と。

師匠《ししょう》から託《たく》された広布のバトンを

この地球社会《ちきゅうしゃかい》の未来《みらい》を潤《うるお》しゆく、滔々《とうとう》たる地涌《じゆ》の人材涌出《じんざいゆじゅつ》の大河《たいが》の流《なが》れを、もはや何《なに》ものも断絶《だんぜつ》することなどできません。「広宣流布の信心」に燃《も》えて、創価の地涌《じゆ》の宝友《ほうゆう》が、いよいよ全地球《ぜんちきゅう》を舞台《ぶたい》に「巍巍堂堂《ぎぎどうどう》として尊高《そんこう》」（全二

学会歌の指揮を執る池田先生（2001 年５月、東京）

一一ページ・新八五ページ）たる姿《すがた》で躍《おど》り出《で》ています。

創価の若《わか》き丈夫《ますらお》たちが勇敢《ゆうかん》に、正《せい》義《ぎ》の旗《はた》を掲《かか》げて立ち上がりました。華陽《かよう》の乙女《おとめ》たちが清々《すがすが》しく、朗《ほが》らかに、幸《さち》と希望《きぼう》のスクラムを広《ひろ》げています。

これからも、世界中の後継《こうけい》の皆《みな》さんが、創価の三代の師弟《してい》に連《つら》なり、共々《ともども》に地涌《じゆ》の誓願《せいがん》に生《い》き抜《ぬ》き、異体《いたい》同心《どうしん》の前進《ぜんしん》をしていけば、学会は永《えい》遠《えん》に広宣流布の団体《だんたい》として断絶《だんぜつ》することはないのです。

恩師《おんし》・戸田先生から受《う》け継《つ》いだ広宣流布の「魂《たましい》の炎《ほのお》のバトン」を握《にぎ》りしめて六十年。

わが人生は広宣流布に捧《ささ》げたり――これが戸田先生の直弟子《じきでし》の誉《ほま》れです。

この「魂《たましい》の炎《ほのお》のバトン」を、不思議《ふしぎ》なる宿縁《しゅくえん》の青年たちが受《う》け継《つ》ぎ、私と一緒《いっしょ》に走《はし》ってくれています。

「自他共《じたとも》の幸福《こうふく》と平和《へいわ》の花園《はなぞの》」を

不二《ふに》の君《きみ》たちよ、不二の貴女《あなた》たちよ。

一人ひとりが、自分《じぶん》がいるその場所《ばしょ》で、その地域《ちいき》で、「広宣流布の信心」で立ち上がれ！

一人ひとりが、人生の英雄《えいゆう》となって、信仰《しんこう》の「実証《じっしょう》」を示《しめ》し切《き》ろう！

一人ひとりが、自身《じしん》の人間革命から、地道《じみち》に、粘《ねば》り強《づよ》く「信頼《しんらい》」を勝《か》ち取《と》っていこう！

君《きみ》たちあらば、広布の未来《みらい》は盤石《ばんじゃく》なり!
「自他共《じたとも》の幸福《こうふく》と平和《へいわ》の花園《はなぞの》」を、世界《せかい》へ未来《みらい》へ勝《か》ち広《ひろ》げていってくれ給《たま》え!
——わが信頼《しんらい》する、世界《せかい》の愛弟子《まなでし》たちの健康《けんこう》と勝利《しょうり》と栄光《えいこう》を祈《いの》りつつ

［注　解］

（注1）【「顕仏未来記《けんぶつみらいき》」】文永《ぶんえい》十年（一二七三年）閏《うるう》五月十一日、日蓮大聖人が佐渡《さど》流罪中《るざいちゅう》に一谷《いちのさわ》で述作《じゅっさく》された書《しょ》。大聖人が釈尊《しゃくそん》の未来記《みらいき》（未来についての予言《よげん》）を証明《しょうめい》したことを述《の》べ、さらに大聖人御自身《ごじしん》の未来記を顕《あらわ》し、大聖人の仏法が全世界《ぜんせかい》に広宣流布していくことを予《よ》言《げん》されている。

（注2）【「願兼於業《がんけんおごう》」】「願《ねが》い、業を兼《か》ぬ」。本来《ほんらい》、修行《しゅぎょう》の功徳《くどく》によって安楽《あんらく》な境涯《きょうがい》に生まれるべきところを、苦悩《くのう》に沈《しず》む民衆《みんしゅう》を救済《きゅうさい》するために、自《みずか》ら願《ねが》って、悪世《あくせ》に生まれること。法華経法《ほっ》師品《しほん》第十には、「薬王《やくおう》よ。当《まさ》に知《し》るべし、是《こ》の人は自《みずか》ら清浄《しょうじょう》の業報を捨《す》てて、我滅度《われめつど》して後《のち》に於《お》いて、衆生を愍《あわ》れむが故《ゆえ》に、悪世に生まれて、広《ひろ》く此《こ》の経《きょう》を演《の》ぶ」（法華経三五七㌻）と説《と》かれている。

（注3）【ヴォロビヨヴァ博士】一九三三年〜。マルガリータ・ヴォロビヨヴァ＝デシャトフスカヤ。ロシア科学アカデミー・東洋古文書研究所《とうようこもんじょけんきゅうしょ》（前《ぜん》東洋学研究所サンクトペテルブルク支《し》部《ぶ》）で研究にあたる法華経の世界的権威《せかいてきけんい》。

（注4）【「諸法実相抄《しょほうじっそうしょう》」】文永《ぶんえい》十年（一二七三年）五月、最蓮房《さいれんぼう》に与《あた》えられたとされる書《しょ》。「諸法《しょほう》

実相《じっそう》」についての質問《しつもん》に対《たい》し、仏法の甚深《じんじん》の義《ぎ》を説《と》かれている。弟子《でし》一門《いちもん》に対して、大聖人と同意《どうい》ならば地涌《じゆ》の菩薩《ぼさつ》であるとされ、広宣流布は必《かなら》ず達成《たっせい》できるとの確信《かくしん》を述《の》べられている。

（注5）【宝塔《ほうとう》】七宝《しっぽう》で荘厳《そうごん》された塔《とう》。法華経見宝塔品《けんほうとうほん》第十一に涌出《ゆじゅつ》する。日蓮大聖人は「末法《まっぽう》に入《い》って法華経を持《たも》つ男女《なんにょ》の・すがたより外《ほか》には宝塔なきなり」（全一三〇四ページ・新一七三二ページ）と述《の》べられて、御本尊を受持《じゅじ》した衆生《しゅじょう》の当体《とうたい》こそ宝塔にほかならないとされている。

（注6）【南条時光《なんじょうときみつ》】一二五九年～一三三二年。駿河国《するがのくに》・上野郷《うえのごう》（静岡県富士宮市）で活躍《かつやく》した門《もん》下《か》。南条兵衛七郎《なんじょうひょうえしちろう》の次男《じなん》。七歳で父を亡《な》くしたが、日蓮大聖人の身延入山《みのぶにゅうざん》以来《いらい》、親《した》しく御《ご》指導《しどう》を受《う》け、弘安年間《こうあんねんかん》の熱原《あつはら》の法難《ほうなん》では外護《げご》に尽《つ》くし、「上野賢人《うえのけんじん》」との称号《しょうごう》を賜《たまわ》っている。

（注7）【霊山一会《りょうぜんいちえ》】釈尊《しゃくそん》が霊鷲山《りょうじゅせん》で法華経を説《と》いた会座《えざ》をいう。また、霊山一会儼然未散《げんねんみさん》（霊山一会儼然《げんぜん》として未《いま》だ散《ち》らず）とは、その儀式《ぎしき》はいまなお儼然《げんぜん》として散らず、永遠《えいえん》に常住《じょうじゅう》しているとの意《い》で用《もち》いられる。

池田大作（いけだ・だいさく）
1928年（昭和3年）、東京生まれ。創価学会名誉会長。創価学会インタナショナル（SGI）会長。創価大学、アメリカ創価大学、創価学園、民主音楽協会、東京富士美術館、東洋哲学研究所、戸田記念国際平和研究所などを創立。世界各国の識者と対話を重ね、平和、文化、教育運動を推進。国連平和賞のほか、モスクワ大学、グラスゴー大学、デンバー大学、北京大学など、世界の大学・学術機関の名誉博士、名誉教授、さらに桂冠詩人・世界民衆詩人の称号、世界桂冠詩人賞、世界平和詩人賞など多数受賞。
著書は『人間革命』（全12巻）、『新・人間革命』（全30巻）など小説のほか、対談集も『二十一世紀への対話』（A・トインビー）、『二十世紀の精神の教訓』（M・ゴルバチョフ）、『平和の哲学　寛容の智慧』（A・ワヒド）、『地球対談　輝く女性の世紀へ』（H・ヘンダーソン）など多数。

わが愛する青年に贈る

発行日　二〇一八年七月十七日
第3刷　二〇二三年一月十五日
著　者　池田大作
発行者　松岡　資
発行所　聖教新聞社
〒一六〇―八〇七〇　東京都新宿区信濃町七
電話　〇三―三三五三―六一一一（代表）
印刷・製本　図書印刷株式会社
定価は表紙に表示してあります

ISBN978-4-412-01643-9
表紙写真　ピクスタ